나는 니체처럼
살기로 했다

일러두기

1. 본문 중 옮긴이가 독자들의 이해를 위해 덧붙인 글에는 옮긴이 주로 표시했습니다.
2. 원서에서는 프랑스에서 출간된 니체 총서 판본을 인용하였지만 국내에는 소개되지 않았으므로 이 책에서 인용한 니체의 저서명은 국내 번역본을 기준으로 하였습니다.
3. 책 제목은 겹화살괄호(《 》), 단편, 영화, 노래 제목은 홑화살괄호(〈 〉)로 표기하였습니다.

나___는
니체처럼
살기로 했다

나타나엘 마슬로 지음
이정은 옮김

행성B

차 례

Intro 과감하게 뛰어들기

4부 나 자신이 되기

누구나 알지만
아무도 몰랐던 니체

모든 사람이 니체를 알고 있다. 아니, 적어도 니체에 대해 들어본 적이 있다. 하지만 실제로 그의 작품에 푹 빠져본 사람은 드물다. 이 '매우 중요한 철학자'가 '매우 중요한 사람들'과 지닌 공통점은 사람들의 입에 더없이 많이 오르내리지만 정작 자세히 아는 경우는 드물다는 점이다. 그러니 니체를 알기 위한 가장 좋은 방법은 니체와 더불어 멀리 나아가는 것이다. 솔직히 말하면 나도 어떤 책을 깊이 탐독하는 일을 항상 좋아하지는 않는다. 읽고 듣고 감상하고 체험할 다른 것이 이토록 많은 세상이니. 어떤 새로운 생각을 접하기에 앞서 그런 노력을 들일 만한 충분한 동기가 필요한 건 당연하다. 특히 저자의 글이 의도적으로 접근하기 힘들게 쓰였을 때는 더더욱.

프리드리히 니체는 '매혹적'이면서도 '파악하기 힘든' 철학의 면모를 상징한다. 철학에서 이 두 수식어는 서로를 강화하는 이상한 경향이 있다. 그럼에도 불구하고 니체의 작품을 꾸준히 읽으면 얻을 것이 많다. 특별한 동반자인 그의 작품을 읽으면 인생이 바뀔 수 있다. 대담하게도 니체는 전개되는 생각의 단순한 독자나 관중으로만 머물지 말라고 권고한다. 그는 철학에 진심으로 푹 빠져들어 보라고 여러분을 초대한다.

어떤 철학 작품으로 풍덩 뛰어들려면 보통 그에 앞서 호감을 느껴야 한다. 책 한 권을 손에 든 바로 그 순간에 여러분은 이미 큰 한 걸음을 내디딘 것이다. 니체의 글에서 '뛰어든다'는 말은 문자 그대로 해석해도 좋을 표현이다. 그의 글에서 인간은 거침없이 삶 속으로 뛰어든다. 그 구석구석 어두운 지대로, 존재의 근본적이고 미묘하고 섬세한 부분으로 말이다.

니체의 사상은
무엇인가?

한마디로 니체의 사상은 삶을 매우 인간적으로 그려보인다. 그의 사상에 빠져들 준비가 충분히 되어 있지 않다면 처음에는 휩쓸려 잠겨 드는 느낌을 받을 수 있다. 하시만 걱정하지 마시라. 니체가 사용하는 언어의 추진력을 받아서 다시 떠올라 우리 각자의 독특함을 되찾을 테니까. 우리는 엄청난 양의 가식에서 해방되어 플라톤의 동굴*을 벗어난 죄수로서 과감하게 발걸음을 내디딘다.

우리는 니체의 지지를 받아 가끔은 깨닫지도 못한 채 끊임없이 오르락내리락하며 우리 존재의 의식을 결정하는 섬세한 씨실과 날실을 정성껏 엮어간다. 우리는 자기 자신의 성향을 돋보기로 세밀하게 검토할 능력을 갖추면서 서서히 개인으로서의 자신을 더 잘 이해하게 된다. 그리고 이내 우리 문명을 저 꼭대기로부터 응시할 준비가 되었다는 사실을 깨닫는다. 니체의 사상은 우리가 걸린 질병, 가끔은 힘이 빠지기도 하는 의미 추구를 위한 노력 등 우리 존재의 본질적인 측면을 드러내 보여준다. 그의 사상은 우리가 시간이라는 짐을 내려놓을 때, 문명이

● 플라톤의 《국가》 제7권에서 소크라테스는 철학사에 큰 족적을 남긴 동굴의 비유로 인간의 조건을 설명한다. 소크라테스는 동굴 속에 묶인 죄수들을 상상했다. 그들은 동굴 내벽에 투사되는 그림자(그림자를 만드는 사물로부터 멀리 떨어져 있으며, 동굴 바깥에 있는 자연과는 더 멀리 떨어져 그들이 접근할 수 있는 유일한 '현실'만 볼 수 있다. 소크라테스의 이 비유로 우리는 '현실'이라고 간주하는 것에 대해 깊이 성찰할 수 있다. 죄수들의 거처는 사실상 신체보다는 정신이 감각 세계를 흉내 낸 시뮬라크르와, 그에 대한 환상에 얽매여 있는 감옥이다. 사물의 본질에 대한 묘사(이것이 이 텍스트의 본체론적 측면이다), 그리고 이를 알아갈 가능성(인식론적 측면)으로부터 결국 윤리적인 질문 하나가 제기된다. 우리가 갇혀 있다는 사실, 즉 우리가 감각 세계와 지나치게 맹목적인 관계를 맺고 있다는 사실을 인식한다면 우리는 과연 무엇을 할 것인가?

뜨겁게 달군 쇠로 피부에 새긴 고통스러운 낙인에서 벗어날 때, 그리고 문명이 우리의 가장 깊은 곳에 심어놓은 절망적일 만큼 '인간적인' 오래된 습관으로부터 드디어 해방될 때 우리가 느끼는 환희를 설명하고 더욱 강렬하게 만든다.

니체의 삶은 행복하거나 손쉽거나 평온한 것과는 거리가 멀었다. 그는 매일 질병에 맞서 싸우고, 치료법을 구하고, 생활에 —때로는 생존에— 적절한 장소를 찾아내야 했다. 대학교수 —철학이 아니라 문헌학* 교수—였던 그는 동료 교수들의 반대와 학계의 몰이해에 부딪혔고, 이러한 몰이해는 그가 죽은 다음에도 오랫동안 지속됐다. 니체는 생전에 더없이 강렬한 —감정적 또는 예술적인— 정서를 경험했고 뒤이어 자주 실망했다 (리하르트 바그너에 대한 실망은 가장 대표적인 경우일 테다). 심지어 가족에게도 심하게 배반당했다(니체의 누이는 반유대주의자로 잘 알려진 인물과 결혼했다. 심지어 그녀는 니체의 심신이 쇠약해진 그의 생애 마지막 10년간 니체 사상을 나치즘에 이용하기 위해 왜곡하고 그 가치를 훼손했다).

사람들이 알고 있다고 여기는 강렬하고 기념비적인 사상 이면에서 니체는 한 인간 생애의 표본이다. 그가 철학적으로 정당

---

* 문헌학은 언어와 텍스트를 역사적으로 연구하는 학문이다.

화할(그리고 여러분이 이 책을 읽으며 분명히 알게 될) 이유로, 여러분이 앞으로 접하게 될 것은 단지 그의 사상만이 아니다. 그의 글에는 항상 삶이 담겨 있고, 거기에서는 우리의 삶도 찾아볼 수 있다.

니체를 반드시 따라야 할 모범적인 모델로 여기지 말고, 삶의 한 표본으로 간주하라. 니체의 삶에는 인간의 여러 잠재성 —몇몇 성공뿐 아니라 심한 역경—이 모두 담겨 있기 때문에, 우리는 이를 접하면서 자신이 서 있는 위치를 파악할 기회, 즉 개인으로서 우리 자신을 더 잘 이해할 기회를 얻는다. 놀랍게 보일지 모르겠지만 —보잘것없는 독자인 우리에게 지나치게 황송한 일이므로— 니체는 자신에게도 우리가 필요하다고 단언한다. "내가 치유되고 회복되기 위해서 점점 더 많이 필요로 했던 것은, 나 홀로 그런 처지에 놓인 것이 아니라는, 홀로 그런 식으로 보는 것은 아니라는 믿음이었다"라고 그는 《인간적인, 너무나 인간적인》의 서문에 적었다.

니체는 자신에게 관심을 기울일 사람들에게 당장 사용 가능한 지식을 전하기보다는, 그 관심에 대한 응답으로 삶에 대한 노하우를 전수해 줄 수 있을 거라고 생각했다. 여러분은 니체를 알아가면서 자신의 믿음을 돌아보고, 생각의 범주를 평가하고, 삶에 대한 개별화된 진단을 내리도록 초대받을 것이다. 여러분은 계보학적 접근법을 직접 실천하는 의사로서 자신의 모습을 발견하며 '자신의' 윤리를 완전히 새로운 각도로 보게 될 것이다. 이것이 니체를 접하며 우리가 자연스럽게 기대할 수 있는 혜택의 일부다.

이를 위해서 이 작은 책은 여러분이 니체 사상의 개념적인 풍경을 명확히 파악하고 그 위에 여러분 자신의 길을 그리도록, 소박하지만 진실한 모험을 함께 떠나자고 제안한다.

니체를 다룬 여러 문헌 가운데 이 책은(비록 최신 학술 연구 결과에 은연중에 기대고 있기는 하지만) 학술서도, 단순한 기분전환용 심심풀이 책도, 자기계발을 위한 조언을 모아 놓은 책도 아니다. 이 책이 띠는 혼종성은 니체도 권장했다. 그는 범주들 대부분을 얼마간 의도적으로 거부했다. 문헌학자, 철학자, 미친 천재, 고독한 광신자…… 양면성을 띤 경우가 많은 니체의 성질과 그의 글을 하나의 일방적인 해석 안에 가두어둘 수 없음을 암시하는 모순어법은 넘쳐난다.

나의 목표

여러분이 니체에게 편안하게 다가서고, 길을 찾아 나아가고자 하는 욕구를 자극하고, 여러분이 마음에 새로운 불길을 일으키는 것. 이 모든 일은 니체에 대한 *다른 사람*들의 생각을 여러분이 그대로 따르지 않는다는 조건에서만 가능하다. 내 말을 믿어라. 니체를 오래 연구한 학자들 사이에서조차 니체를 해석하는 방식에서 견해가 일치하지 않는다. 오늘날 니체가 철학자들의 전당에 올라 있는[*] 이유는 니체가 자기 책을 읽는 모든 독자가 겸허한 마음을 갖는 동시에 스스로 생각하는 용기를 지니도록, 다시 말해 자신만의 길을 그리도록 초대하기 때문이다.

이 책을 읽는 법

순서대로 쭉 읽어도 좋지만 관심이 가거나 호기심을 불러일으키는 주제를 골라 읽을 수도 있다. 온 시대를 통틀어 가장 위대한 철학자 중 한 사람인 니체의 작품 세계 속에서 개별화된 여정을 따라 여러분만의 길을 그려보면 어떨까? 니체는 자신의 작품이 기존 방식과는 다르게 인간 존재를 드러내는 데 기여할 수 있다는 과감한 생각을 했다. 이제는 여러분이 대범하게 그 말이 옳을 수 있다고 믿어보면 어떨까? 니체는 현실적인 인물이었기에 이러한 변화가 당장 일어나지는 않을 것을 알았다. 나

●   비록 니체는 자신이 세례를 받은 장소이기도 한 독일의 조촐한 뢰켄 교회에 매장되어 있지만.

●●   1870년, 즉 지금으로부터 약 150년 전에 니체는 26살이다. 스위스 바젤 대학교에 갓 임명된 총명하고 열정적인 젊은 교수 니체는 이제 방향을 바꾸어 진정으로 철학에 몰두하려는 참이다.

는 그가 우리 세대를 기다렸다고 확신한다. 한 세기 반이 지난 지금●● 니체의 말이 더없이 소중하다는 이러한 나의 확신이 과연 옳은지 직접 확인하고 싶은가?

그렇다면 뛰어들어라!

각 장의 본문

34개 항목으로 알아보는 니체

이 책은 니체의 사상을 주제별로 살펴볼 수 있도록 구성했다. 니체는 풍부한 고찰을 전개했지만, 그중에서 완벽하게 학술적인 전개를 따라 선형적으로 쓰인 글은 거의, 아니 아예 없다. 니체가 자주 사용한 아포리즘 구조는 의도적으로 해체된 사고방식에 해당한다. 우리도 과감히 그렇게 해보자!

니체, 철학자이자 인간

어떤 장들은 습관의 힘, 다른 철학자들에 대한 비판, 과거와 미래에 대한 니체의 견해 등 니체 사상에 집중한다. 다른 장들은 그의 삶에 집중하며 니체의 인간적인 측면을 조명한다.

여러분은 사람들이 그가 미쳤다고 했다는 사실을 아는가?

그가 자기 자신을 치료하는 의사였다는 사실은?

니체의 도발적인 태도 뒤에 무엇이 감추어져 있는지 알고 있는가?

니체의 한 마디

각 장의 끝에는 장을 정리하고 여러분이 니체의 생각에 따라서 살아갈 의욕을 고취하기 위한 조언을 담았다.

삶의 자세

그렇다면 여러분은 방금 읽은 것을 어떻게 실천할 수 있을까? 이 부분은 여러분이 스스로 질문을 던지고, 니체의 생각에 비추어 자신의 삶을 돌이켜볼 수 있도록 한다.

나만의 독서 루트

여러분은 원하는 방식에 따라

- 이 책을 순서대로 읽거나
- 관심이 가는 장을 선택해서 읽거나
- 여러분만의 개별화된 여정을 떠날 수 있다!

니체에 푹 잠겨 들고 독서를 개별화하기 위해서 마음이 가는 대로 호기심을 한껏 발휘해 한 항목에서 다른 항목으로 주저하지 말고 옮겨가라. 니체를 대하는 가장 좋은 방식은 바로 여러분만의 방식이다!

"나는 이미 내 아래에 많은 것을 지녔다.
하지만 내가 체험했고 극복해 낸 것, 그 어떤 개인적인 사실,
개인적인 필연성을 […] 벗겨내고, 활용하고, 벌거벗기고,
'드러내려는' 욕망이 내 안에서 탄생하기까지는
시간과 건강, 간격, 거리두기가 필요했다.

나의 모든 글은 […] 항상 내가 거쳐 온 것에 대해서만 말한다. […]
그리고 '역사적인 질병'에 반대한 것은,
내가 느리고 고통스럽게 그것으로부터 치유되는 방식을
습득한 사람으로서 한 말이다."

《인간적인, 너무나 인간적인》, II, 서문. 1.

NIE
TZS
CHE

Intro

과감하게
뛰어들기

1
_____

니체 심리학으로
삶을 해석할 것

"나 이전 철학자들 가운데 그 누가
심리학자와 정반대되는 존재인 '월등한 사기꾼',
'이상주의자'가 아닌 심리학자였는가?
나 이전에 심리학은 존재하지도 않았다."

《이 사람을 보라》, 나는 왜 하나의 운명인가, 6.

니체는 아주 예리한 심리학자이며,
자신도 그 사실을 안다. 이렇게 이야기하면 니체가 약간 거만해
보일 수도 있다. 일단 니체가 자신이 '심리학자'가 아닌 *심리학
자*라고 주장했다는 점을 밝힌다(따옴표와 이탤릭체가 중요하다).
그는 자신이 심리학을 하되 다른 사람들과 같은 방법으로 하지
는 않는다고 말한다. 그의 심리학은 당대 사람들이 하던 사이비
심리학이 아니며, 그 이전의 심리학은 더더욱 아니다. 니체는
심리학을 하면서 우리를 이리저리 굽은 생각의 길목에 가두지
않는다. 니체 심리학의 대상은 더 깊고 광범위하다.

무의식을 다룬 프로이트의 초기 연구는 1900년에 이루어졌
으니, 니체가 시대에 앞서 프로이트 심리학을 한 것은 아니다.
프로이트가 의식을 무의식 영역이 표현된 깃으로 간주했다면,
니체가 관찰한 기제는 심리분석학의 아버지 프로이트가 분석

한 것과는 전혀 다르다. 니체는 정당화(내 문제의 원인은 이러저러한 사건, 혹은 나에게 부재한 아버지라는 존재에 있다)하기보다는, 우리가 동조하는 대상을 평가한다. 니체는 의식적인 어떤 사건을 해석해서 거기에 잠재된 의미를 드러내기보다는, 자기 성찰을 통해 철저한 개별성을 넘어서는 근본적인 우리 존재와 우리 자신이 맺는 내밀한 관계를 회복하려 한다. 얼핏 이상하게 보일 수 있지만, 심리학자 니체는 의식이나 정신 현상에 대해서만 말하지 않는다. 그는 존재 전체에 대해 말한다.

니체는 자신의 심리학을 본질적인 문제로 이어지는 길로 여긴다. 이는 감정 현상과 충동, 의식의 하부를 다루는 심리학이다. 니체의 심리학은 훗날 심리분석학이 더 깊이 탐색할 몇몇 의미론적인 요소들을 예견하기는 하지만, 그 요소들은 완전히 다른 방식으로 구성된다. 니체가 말한 무의식은 유기체적인 것과 심리적인 것, 육체와 정신 사이의 분열을 비롯한 여러 분열을 넘어선 영역을 가리킨다. 니체는 의사인 동시에 생리학자다. 인간은 무엇보다 생물의 한 부류다. 복잡하긴 하지만 어쨌거나 살아 있는 존재다.

극도로 방대한 심리학적 영역을 드러내기 위해서는 간혹 일상에서 벗어나는 단어를 사용해야 한다. 우리는 삶을 해석한 원천으로, 자신을 성취하게 만드는 열정으로 되돌아가야 한다. 바로 이것이 우리가 니체의 심리학을 통하여 미래까지 엿볼 수 있는 이유다.

단순한 자기 성찰에
머무르지 말라!
니체의 심리학을 실천함으로써
존재의 깊은 의미를 엿볼 수 있다.

삶의 자세

여러분은 자기 성찰의 힘을 의식하고 있는가?

시선을 자기 자신에게 돌리는 방법으로 만족감을 느낀 적이 있는가?

자신의 내면을 깊이 바라보면서 드러나는 것이 단지 *여러분의* 삶만은 아니라는 사실을 경험했는가?

느낌, 기억, 심지어 혼자만의 것이라고 여긴 생각이 결코 자기 자신에게만 한정되지 않는다는 사실을 아는가?

정신 구조 안에서 우리의 이야기는 다른 이야기들과 사회적 발달, 우리가 지닌 모든 정서적인 가치들과 엮인다. 그러므로 그 안에서 진정으로 우리에게 속하는 것이 무엇인지 알아내려면 실질적인 노력을 기울여야 한다. 니체는 그 안에서 *자신을* 찾는 법을 가르쳐준다. 그러니 안내자를 따라가라.

나만의 독서 루트

니체는 "너 자신이 되어라"라고 했다. 생명과 의지의 모든 발달은 역사적이므로, 이 문제는 자연스레 상당히 여러 갈래로 나뉜다.

인간과 세계에 대한 비전이 없으면 심리학도 없다는 생각이 드는가?
→ 24. 적극적 허무주의자가 될 것

분열을 넘어서서 생각하는 일이 시급하다고 보는가?
→ 3. 이분법에서 벗어날 것

니체가 구체적으로 어떻게 자신만의 방식으로 심리학을 하는지 당장 알고 싶은가?
→ 9. 자신만의 단어를 찾아낼 것
→ 10. 도덕의 계보를 탐색할 것

2

미래를
내다볼 것

"지상에서의 현재와 과거 ─ 아! 나의 친구들이여 ─
이것이 내가 가장 견디기 힘든 것이다.
내가 필연적으로 올 것을 예견하는 사람이 아니라면
나는 살 수 없었을지 모른다.
예견하는 자, 의지를 지닌 자, 창조하는 자,
그 자신이 미래요, 미래에 이르는 다리……"

《차라투스트라는 이렇게 말했다》, 제2부, 구원에 대하여.

사고를 훈련하면 미래를 고찰할 수 있게 될까? 답은 물론 '그렇다'이다. 깊이 생각하는 것은 우리의 선택과 행동을 준비하는 훌륭한 방법이다. 아리스토텔레스에게 물었다면 그는 목적을 달성할 수 있는 가장 좋은 방법이 숙고라고 말했을 것이다. 그 질문에 니체는 이렇게 답한다. 그렇다 하더라도 그 목적이 진정 우리 자신의 목적이어야 할 거라고. 이는 과거를 비롯해 우리를 우리 자신에게 낯설게 만드는 것들과 단절할 줄 알아야 함을 뜻한다.

고대 철학이 몇 가지 측면에서 성과를 낼 수 있었던 이유는, 바로 진정한 철학자가 다름 아닌 미래의 철학자이기 때문이다! 이것이 니체가 지닌 낙관적인 면모다. 그는 철학에 대한 신념을 지녔다. 그가 보기에 철학자들은 그때까지 전적으로, 또는 대체로 눈앞의 일만을 생각했지만 말이다.

니체는 과거의 철학자들을 비판하고 그들의 학설과 포부, 맹목성과 몰이해를 규탄한다. 그는 똑같은 실패를 겪지 않으려고 그들 대부분과는 다른 형태의 담론을 자주 사용한다. 예를 들면, 니체의 책《즐거운 학문》은 일련의 아포리즘, 즉 연속되는 상대적으로 짧은 명제들로 이루어진다. 니체는 분명히 드러나는 논리를 따르지 않음으로써, 우리에게 굴레를 벗어던지고 기존의 학설을 덥혀 먹는 게으름에서 벗어나라고 권한다.

그는 철학 에세이의 전통적인 형태와 단절하는 일에서 더 나아가, 소크라테스를 비난하는 불경죄를 저지른다! 어쨌거나 소크라테스더러 글을 썼다고 비난할 수는 없는 노릇인데 말이다. 실제로 플라톤은 니체와 비슷하게 글로 쓰인 단어들을 경계하며 소크라테스를 자신의 저서에서 대화 형태로 등장시키곤 했다. 대화는 생각의 활력을 마비시키지 않기 위한 그나마 덜 나쁜 방법이었으니까. •

그렇다면 철학이 타당한 학문이라는 사실을 부정하지 않

• 소크라테스는 그의 저서가 아닌, 그의 생각을 전하는 증언으로만 접할 수 있다. 플라톤의 증언이 설득력이 있긴 하지만, 독자는 (아무 저서도 남기지 않은) 실제 소크라테스와 플라톤이 묘사하는 소크라테스 사이에 간극이 있음을 알아야 한다. 그러나 전문가들조차 그 간극을 정확히 파악하기는 힘들다. 니체는 소크라테스라는 인간을 비판하는 것이 아니라, 플라톤의 사상을 공공연히 돋보이게 하는 존재로서 '플라톤화한' 소크라테스를 규탄한다.

으면서 어떻게 철학의 본질과 형태를 비판할 수 있을까? 미래에 철학자가 아닌 다른 존재가 되지 않을 이유가 무엇이란 말인가? 예술가, 정치가, 활동가…… 여기에 모순이 있을까? 도발하려는 것인가? 그보다 더 이상한 것은, 니체가 자신이 그들과 똑같은 철학자라고 주장한다는 사실이다! 니체는 확실히 철학자다. 단, 그는 자신을 새로운 유형의 철학자라고 말한다. 니체를 이해하려면 일상적이고 규격화된 대립을 넘어서야 한다. 《선악을 넘어서》의 부제가 '미래 철학의 서곡'이라는 사실은 우연이 아니다.

과거에 갇혀 있지 마라.
긍정의 힘을 키우면
더 쉽게 미래의 계획을
실천할 수 있다.

삶의 자세

니체는 철학을 하기 위해 반드시 철학의 역사에 대해 알 필요는 없다고 말한다. 악기를 잡기 전 5년 동안 악보 보는 법만 배우는 일은 쓸데가 없으니 말이다. 니체는 음표가 음색을 빈약하게 만든다고 말할 테다.

데카르트와 스피노자, 칸트가 누구인지 모르는가?
오히려 다행이다. 잘못된 사고 습관을 떨쳐내려 애쓰느라 시간을 낭비하지는 않을 테니까!

니체가 비판한 몇몇 요소를 여러분의 것으로 만들어서 자신만의 생각을 구축하라. 철학은 미래를 향해 있으며, 여러분도 마찬가지다!

나만의 독서 루트

철학적 전통으로부터 단절하는 것에 대해 어떻게 생각하는가? 이를 지혜의
증거라고 생각하며 그러한 견해를 확고히 하고 싶은가?

→ 29. 민족주의에서 탈피할 것

→ 30. '교화'가 아닌 '교육'을 받을 것

더 반항적인 니체의 모습을 알고 싶은가?

→ 4. 보편성을 의심할 것

→ 13. 자유로운 정신이 될 것

이제부터 자신만의 가치를 더욱 확고히 해야겠다는 결심이 드는가?

→ 26. 진짜 귀족이 될 것

3

이분법에서
벗어날 것

"장르 혼합은 […] 저자들이 자신의 힘에 대해
지닌 불신을 나타낸다.
[…] 철학에 도움을 구하는 시인, 극작품을 활용하는 음악가,
수사학을 도입하는 사상가처럼."
《인간적인, 너무나 인간적인》, II, 1장 '혼합된 의견과 잠언들', 139.

사람은 살면서 철학이 필요하다. 단, 새로운 장르(genre. 프랑스어로 '종류, 유형, 장르, 양식, 성性, 젠더gender'를 뜻하는 다의어—옮긴이)의 —또는 더 나아가 '젠더 비이원적'— 철학자들이 구상하는 새로운 유형의 철학이다.

'젠더 비이원성(또는 이원적인 개념을 거부하는 것)'은 최근 몇 년간 크게 발달한 상대적으로 새로운 논쟁 주제다. 어떤 사람들은 그 전반적인 입지를 과장해 왜곡하기도 한다. 하지만 니체에 따르면 비이원적 입장을 지지하는 사람들의 견해를 진지하게 받아들여야 하는 철학적 이유가 있다.

니체가 보기에 이원성을 거부하는 것은 누가 여자이고 누가 남자인지, 또는 누가 여자도 남자도 아닌지를 판가름하는 철저하게 성적인 차원의 모든 문제에 앞선다. 엄격한 양자택일을 제시하는 것은 당연히 이원적인 사고의 빈약함을 드러낸다. 니체가 글자대로의 의미로 여자와 남자를 언급한 경우가 있다. 의지의 단호함이 결여되어 있음을 가리킬 때 경멸적으로, 또는 음악의 참으로 *여성적인* 본질을 언급하며 호의적으로 '여성적'이라는 수식어를 사용한 적이 있다.

겉으로 보이는 모습을 넘어서도록 스스로 허용하면 ―그리고 니체가 불쾌한 여성 혐오자라는 생각을 잠시 내려놓으면― 니체의 글에서 '남자'와 '여자'는 성별, 즉 상반되는 성질의 어떤 것이 아님을 깨닫게 된다. 어째서 선과 악을 넘어서서 사고해야 하는가? 겉보기에 상반되는 이 두 항목은 확실히 간편하긴 하다. 그러나 인공적이고 빈약한 기준을 제공함으로써 모든 것이 손쉽다는 인상을 준다.

하지만 현실에서 모든 일은 이 둘 사이에서 이루어진다. 그러니 어째서 우리의 생각을, 우리 자신을 이원적인 논리 안에 가두어야 한단 말인가? 범주는 매사를 단순화하고 우리가 현실을 있는 그대로 보지 못하게 한다. 현실은 우리가 그것을 가두고자 하는 빈약한 범주들에 비할 수 없이 더 풍성하다. 그 범주들이 서로 대립할 때에는 더더욱.

범주를 뛰어넘어 생각하고
자신을 긍정하라!
특히 그 범주가 여러분의 삶을
쉽게 이원화하는 것 같다면 더더욱!

삶의 자세

여러분은 지나치게 확고한 이원적 대립을 의심스럽게 여긴 적이 있었을 테고, 니체는 그 생각이 옳다고 말한다.

사고의 범주들을 신뢰할 만한 결정적인 기준이라고 여기는가, 아니면 단순히 방향을 잡는 수단으로 여기는가?

그 범주들을 여러분이 세상을 보는 방식을 제한하기 위해서 사용하는가, 아니면 스스로 판단을 내리기 위한 열린 가능성으로써 활용하는가?

매사를 단순화하는 대립을 거부한 덕분에 어떤 상황의 복잡성을, 가까운 누군가가 보이는 행동의 미묘함을 더 잘 이해한 경험을 한 적이 있는가?

어째서 그랬는지 니체가 설명해 줄 것이다. 니체는 '이것도 아니고 저것도 아니'라고 거부하기보다는 있는 그대로의 상태를 긍정하라고 권고한다.

나만의 독서 루트

니체가 대담해 보이고 그가 과연 진짜로 그런 성격이었는지 궁금한가?
→ 22. 남에게 휩쓸리지 말 것

이원적인 범주 바깥에서 생각하려는 의지가 마음에 와닿는가?
→ 31. 정신과 육체를 분리해 생각하지 말 것

4

보편성을
의심할 것

"우리가 더 많은 위험을 겪게 만들 진리에 대한 의지,
모든 철학자가 이제껏 그토록 공경을 담아 말해 온
그 유명한 진리성,
이것이 우리에게 얼마나 많은 문제를 일으켰는지 모른다!
이 얼마나 심각하고 이상하고 해결하기 어려운 사안들인가!
이건 벌써 오래된 이야기지만 이제 막 시작된 것처럼 보인다."

《선악을 넘어서》, 제1장 '철학자들의 편견에 대하여', 1.

미래의 철학자는 무엇보다 일단 특정한 일상적 편견의 바깥에서 생각하는 사람이다. 니체는 스피노자가 협잡꾼이라면 칸트는 위선자였다고 적는다. 말이 너무 심한 것 같은가? 그렇다면 단단히 대비하라. "《순수 이성 비판》®은 생리학적 측면에서 보건대 이미 크레틴병 백치 상태의 잠재적 형태다"라고 니체는 《안티크리스트》47절에서 명시한다!

　이 철학자들은 편견에 대하여 니체와 똑같이 비판적인 태도를 보였다. 그런데도 어째서 니체의 비판이 이토록 신랄할까?

● 　칸트, 《순수 이성 비판》(1781년, 초판; 1787년, 제2판). 칸트가 쓴 세 권의 《비판》 중 첫 번째 책으로서, 칸트가 '나는 무엇을 알 수 있는가?'라는 질문에 주로 답한 기념비적인 책이다. 칸트는 가능한 지식을 현상학적 체험의 영역에 구축하고, 우리의 고유한 이성이 만들어낸 형이상학적 대립의 기제를 설명한다.

가령, 칸트는 공통감각에 대한 잠언에서 이미 스스로 생각함으로써 편견을 넘어서야 할 필요성을 소리 높여 주장했다. 하지만 니체가 보기에 칸트는 어쨌거나 이를 위해 별다른 일을 하지 않았다. 철학에서 이성이 제왕으로 군림한다고 믿으며, 범주들을 사용하고, 철학을 하나의 체계로 통일하려는 무모한 시도를 하는 칸트 같은 철학자는 니체가 보기에 확실히 의심스러웠다. 칸트는 역사적 가치에 절어 있는 이성을 활용해서 비판했다. 그는 미신을 비판하면서 진리 개념을 염두에 두었다. 이 진리 개념은 하나의 구축물, 추상적 관념, 침전된 도덕의 열매에 불과하며 그 소명은 모든 것을 포괄하고 보편성 안에서 우리의 행동을 좌지우지하는 것이다. 보편성은 참으로 멋진 말이지만 부당하게 거짓으로 사용되었다(칸트가 저지른 이런 사칭 때문에 그에게는 위선자라는 신랄한 수식어를 붙여 마땅하다).

어떤 이들은 칸트를 '모든 것을 부수는 자Alleszermalmer'라고 불렀다. 니체는 이에 대해 이렇게 답한다. 좋다, 그렇다면 더 멀리 나아가지 못할 이유가 뭐 있나? 파괴를 파괴하는 사람인 니체는 그 형이상학의 부스러기들을 떨쳐내라고 부르짖는다. 그 부스러기들은 지식의 부스러기다. 바로 이런 이유로 스피노자(그는 데카르트 철학을 신봉하지는 않았으니 역시 얼마간 합리주의자로서《에티카》에서 서슴없이 기하학적 제시 형태를 채택했다)도 니체의 비난을 피할 수 없었다. 그리고 그런 철학자는 스피노자만이 아니었다! 지식을 추구한 철학자들은 대체로 세 가지 오류를 보인다. 뉴턴은 신의 법칙을 꿰뚫을 수 있다고 믿고, 볼테르는 지식과 행복, 윤리를 결합하기를 희망하며, 스피노자는 인간이 지닌 가장 나쁜 충동들을 제거하려 한다. 물론 더 자세한 역사를 살펴보면 무수히 많은 인물들이 있을 테다.

니체에 따르면, 철학자들은 눈이 멀어 진리가 그들 자신의 진리, 즉 자신의 해석이 낳은 열매라는 사실을 인정하지 못한다. 그들은 진리를 신봉하면서도 계속 자신이 자유로운 정신이라고 판단한다. 바로 이 점에서 칸트의 천재성은 크레틴병의 백치 상태로 빠져든다. 그가 말한 이성의 빛은 생리학에 대한 신념의 무지와 대비된다. 칸트 씨, 당신의 이성은 무르익은 과일이지만, 그 과일은 역사적으로 결정된 토양에서 싹텄고, 특정한 윤리의 광합성 활동으로 자라났습니다. 니체는 철학적 이성의 감추어진 내력을 정립하겠노라고 제안한다. 그 내력은 바로 칸트와 쇼펜하우어, 힌두교도의 권태 또는 플라톤의 지배 의지다.

철학자들에 대한 니체의 비판은 그 철학자들이 보편적이라고 주장하는 이성에 집중한다. 니체는 그 보편성을 감히 의심한

● 《즐거운 학문》, 제1부, 37.

다. 그는 우리가 개인적인 가치들이라고 헛되이 믿는 것을 만들어낸 이성의 생리학적 발달 과정을 지적한다. 그 가치들은 어쩌면 실제로는 우리에게 완전히 낯선 것일지 모른다.

과감히 의심하라!
당연해 보이는 것을
문제 삼기 두려워하지 말라.

삶의 자세

철학자들이 어떤 가치 – 바로 *그들 자신의* 가치! – 를 다른 가치에 맞서 옹호하기만 하는 반면, 니체는 모든 가치의 기원에 대하여 질문을 던져야 한다고 말한다.

여러분이 가장 중요하다고 보는 보편적인 가치들을 좋은 가치와 나쁜 가치 가리지 않고 꼼꼼하게 검토해 보면 어떨까?
여러분이 경계하는 나쁜 가치들뿐 아니라 지금까지 여러분을 움직이게 만든 좋은 가치들까지 철저히 검토할 준비가 되어 있는가?

물론 모든 가치를 버릴 필요는 없다. 하지만 이렇게 미리 거리를 두는 태도는 앞으로 매우 유익할 것이다.

나만의 독서 루트

생각의 나쁜 습관뿐 아니라 일상의 습관에도 맞서 싸우고 싶은가?

→ 5. 습관을 경계할 것

니체가 어떻게 우리 가치들이 지닌 역사적인 특성을 밝혀내는 데 성공했는지 알고 싶은가?

→ 10. 도덕의 계보를 탐색할 것

5

습관을 경계할 것

"그리하여 우리는 모든 도덕,

모든 지배적인 종교 안에서 행동하고 있으며,

이제껏 항상 그래왔다.

우리가 습관의 근거로 삼는 의도와 동기는 하나같이

누군가 그 습관을 반박하고 그 의도와 동기를 묻기 시작할 때

거짓으로 더해진 것이다."

《즐거운 학문》, 제1부, 29.

니체는 철학적인 근거에 담겨 있다는 이른바 보편성만 경계하지 않았다. 우리 의식이 신체에 고정된 양상에 각별히 주의를 기울인 니체는 우리가 어떻게 습관의 힘으로 생각하고 판단하며, 심지어 인격까지 형성하는지 설명한다. 우리는 누구, 아니 어떤 존재인가? 우리가 익숙해진 모든 것, 즉 단어, 사고의 도식, 태도, 성격에 따른 특징적인 반응을 반복함으로써 야기되는 신체 행동들은 우리의 철학에 대응한다. 우리의 가치는 무엇인가? 그 가치들은 우리에게 겉으로 제시되는 두 개의 항으로 이루어진 대안만 보는 지나치게 단편적인 시각, 즉 '선'과 '악' 같은 도덕적 단순화에서 생겨난다.

습관이 우리를 형성하고 시각을 결정한다. 그러므로 우리는 인격의 층들을 구성하는 모든 것, 그리고 우리가 희로애락과 맺는 내밀한 관계를 박탈하는 것의 의미를 인식해야 한다고 니체는 설명한다. 우리가 만들어지고 주조되는 이러한 '사육' 상황을 인식하지 못할 때, 자신도 모르게 습관의 피해자가 된다. 이 습관들은 사실 우리 것이 아니기 때문이다. 그 습관들은 우리에게 강요되고 심지어 취향까지 규정한다.

"취향은 보통 어떻게 바뀌는가? 다음과 같은 방식으로 바뀐다. 개인, 권력자, 영향력 있는 사람들은 그 어떤 수치심도 없이 […] 자신의 호불호를 드러내는 판단을 표현하며, 이를 독단적인 방식으로 강요한다. 그들은 이런 식으로 많은 사람을 어떤 제약에 얽매고, 그 제약은 차츰 더 많은 사람에게 습관으로, 더 나아가 모든 사람에게 필요로 바뀐다."●

한 세기 반이 지난 말이지만 우리가 처한 상황에도 기이하게 잘 들어맞지 않는가? 여러분은 자신이 지금과 같은 사람이라는 사실에 놀란 적이 단 한 번도 없는가? 자신의 취향에 새삼 놀란 적이 없는가? 니체의 설명에 따르면 그렇게 놀라는 이유는 여러분의 취향이 사실 다른 누구의 취향일 수 있기 때문이다. 여러분의 취향은 외부에서 각자의 내부로 침투해 들어간 것이다. 예를 들어 여러분은 신기술과 더불어 생겨나 우리가 익숙해져야만 했을 여러 제약을 잘 알고 있다. 생활에 필요해진 가

● 《즐거운 학문》, 제1부, 39.

전제품들은 이제 2년마다 교체해 주어야 하고(계획적 진부화라는 니체 이후 시대의 주제), 디지털 제품들은 엄청난 속도로 변하고 있으며, 스마트폰은 매일 어김없이 정해진 방식으로 충전해 주어야 한다. 위에서 인용한 니체의 말에는 소셜 미디어의 인플루언서를 그 팔로워들과 연결하는 활동에 대한 신랄한 묘사도 담겨 있지 않은가? 팔로워는 인플루언서가 자신의 기대를 완벽하게 예견하고 그 기대가 생기기도 전에 그것을 충족시켜 주는 비범한 능력을 발휘하는 데에 놀라니 말이다. 니체는 그러한 환상을 몰아낸다. 우리의 욕구가 그토록 잘 이해받는 이유는 아주 단순하다. 그것이 우리가 느끼는 욕구가 아니기 때문이다! 욕구를 만들어낸 사람보다 그 욕구를 더 잘 이해하는 사람이 과연 누구겠는가?

스스로 결정하라!
습관의 힘이
당신을 이끌어가게 두지 말라.

삶의 자세

여러분의 삶에서 가장 중요한 습관은 무엇인가?

당신을 잘 아는 친구들에게 묻는다면 그들은 어떻게 대답할 것인가?

당신이 보기에 그 습관은 본질적인가, 부수적인가?

여러분은 그 습관들을 삶의 가치로 삼을 것인가? 아니면 피하려 할 것인가?

여러분을 제약하는 기술적 조처(디지털 증서, 개인 정보 배포 동의, 간단한 정보 하나를 얻기 위해서 링크된 외부 애플리케이션을 사용하기 등)에 자신도 모르게 따르는 일이 자주 있는가, 아니면 거부하는가?

그렇게 거부하는 일이 일상에서 부담이 되는가?

만일 여러분에게 도움이 된 것들이 다른 경우에는 장애가 되기도 한다는 사실을 인정한다면, 이어질 니체와의 여정이 우리 시선을 섬세하게 가다듬어 줄 것이다. 그렇다면 이제 개별화된 진단을 살펴보자!

나만의 독서 루트

습관이 여러분 삶의 중심을 차지하는가? 습관은 니체도 각별히 관심을 둔 주제다. '충동'을 더 깊이 이해함으로써 더 멀리 나가고 싶은가?

→ 1. 니체 심리학으로 삶을 해석할 것

→ 18. 진리에 트집을 잡을 것

→ 21. 직관을 따를 것

→ 31. 정신과 육체를 분리해 생각하지 말 것

인간 '사육'이란 말이 궁금한가?

→ 30. '교화'가 아닌 '교육'을 받을 것

본격적인
니체 탐구에 앞서

니체는 우리에게 과감하게 나서라고 한다. 우리의 가장 내밀한 습관과 가치들을 과감히 의심해 보자. 애초에 이런 태도를 취하면 우리의 깨달음에서 탄생할 것에 대한 낙관주의가 더욱 깊고 풍성해진다. 머지않아 우리는 과감히 자신을 긍정할 것이다.

니체는 다른 방식으로 대담하게 심리학을 하고 새로운 철학을 시도함으로써 우리가 소중한 도구로 사용할 수 있을 완전히 새로운 사고를 전개한다.

여러분은 살면서 무언가에 의문을 제기하고 거부하는 시기를 거친 적이 있을 것이다. 그 고통스러운 경험으로부터 얻은 것은 무엇인가? 그 경험이 삶에 결정적인 환멸을 느끼게 한 원인이었는가? 아니면 반대로 여러분의 삶에 새로운 바람을 불어넣었는가? 여러분이 보기에 그런 경험으로부터 무언가를 끌어내려면 어떤 조건이 갖추어져야 하는가?

니체는 살면서 피할 수 없는 고통스러운 국면이 때론 유익할 수 있다는 것을 믿으라고 한다. 물론 '선'과 '악'을 넘어서 생각하려 애쓰는 저자가 여러분에게 무엇이 좋거나 나쁜지 그대로 받아쓰도록 알려주지는 않을 것이다. 어떻게 하면 부자가 되는지

따위로 선이 사회적으로 표출되는 어떤 방식을 향해 어떻게 올라서야 할지를 가르쳐주는 일은 더욱 없을 것이다. 여러분은 그러한 것들을 뛰어넘는 어떤 혜택을 발견할 것이다. 바로 여러분의 자각이 진정한 자기 긍정의 원천이 될 수 있다는 사실을.

자기 긍정을 향해 나아가는 길에서 자기 자신을 더 잘 아는 것은 불가피한 단계다. "당신은 누구인가?"라고 니체는 묻는다. 참으로 까다로운 이 질문에 답하려면 먼저 우리 자신을 다른 시선으로 바라보아야 한다.

PART **1**

질병에서
벗어나기

6

질병을
식별할 것

"자주 아픈 사람은 그만큼 자주 치유되므로
건강함에 대하여 매우 크게 기뻐할 뿐 아니라,
자기 자신과 다른 사람들의 작품과 행동에서
무엇이 건강하거나 병들었는지에 대한
매우 날카로운 감각을 지녔다."

《인간적인, 너무나 인간적인》, II, 1장 '혼합된 의견과 잠언들', 356.

니체는 질병과 양면적인 관계를 맺는다. 그는 이타적인 건강염려증 환자가 아니다. 질병이 무서워 주위 사람들에게 매년 독감이 유행하는 철이 오면 예방접종을 하라고 끊임없이 독촉하는 귀찮은 사람 말이다. 니체는 질병을 *기필코* 피하려 하지 않는다. 그는 질병에서 무언가 얻을 것, 인체를 약하게 만들지 않는 무언가가 있다고 생각한다. 그는 병에 걸리는 일을 완전히 피할 수 있다고 확신하지 않는다. 특히 우리의 미덕을 온전히 계발하는 일이 걸린 일이라면.

"나를 죽이지 않는 것은 나를 더 강하게 만든다." •

《우상의 황혼》에 나오는 이 선언은 니체가 한 말로서 제니퍼, 조니 할리데이, 그랑 코르 말라드(모두 프랑스의 유명한 대중

• 《우상의 황혼》, 잠언과 화살, 8.

가수—옮긴이), 제이-Z, 섹시옹 다소(Sexion d'Assaut. 프랑스 힙합 그룹—옮긴이)에서 카니예 웨스트의 랩에 이르기까지 다양한 음악가들이 각색해서 한 목소리로 노래했다. 니체의 이 선언은 해롭지 않은 동종요법 약물을 극소량 사용하는 것을 넘어서서 과감히 병에 맞서라고 우리에게 촉구한다. 급진적인 니체의 권고는 그저 위험이나 독소, 고통을 우리 삶에 조금 투여해 보라는 게 아니다. 사람이 질병에서 치유될 때마다 더 강해진다면, 한 가지 질문이 제기된다. 그렇다면 더 나아가 우리 인내력의 한계를 가능한 한 멀리 밀어붙여서라도 극복할 수 있는 모든 질병에 맞서려고 해야 하는 걸까? 혹시 니체가 피학을 즐기는 성향이 있는 건 아닐까?

아파본 사람이라면(그런데 평생 안 아프기란 불가능하다) 누구나 모두가 항상 *각자* 자신만의 방식으로 아프다는 사실을 알게 된다. 바로 이 때문에 의사가 하는 일, 즉 서로 너무나 다른 사람들에게서 다양한 방식으로 표출되는 질병을 식별하는 일은 참으로 어렵다. 당신이 겪는 고통의 개별적인 특성 안에서만 당신이 진정 누구인지 알 수 있다는 사실만이 확실하다.

두 번째로 알게 되는 사실은, 질병 또는 건강은 초기 상태에 대하여 상대적일 뿐이라는 점이다. 대부분 우리는 이미 더 나쁜 상황을 겪었고, 역설적이게도 질병은 평정, 고통받지 않는 정상

상태, 또는 견딜 수 없을 만큼 과도한 고통이 없는 상태를 기쁘게 받아들이는 우리의 능력을 강화한다. 놀랍게도 니체는 가끔 스토아학파 철학자들과 똑같은 어조로 말한다. 그들에게 행복이란 단순한 신체의 평온aponia과 정신의 고요한 평정ataraxia으로 한정될 수 있다.

《즐거운 학문》의 아포리즘 120에서 니체가 스토아학파 철학자, 키오스의 아리스톤(저녁 사교 모임에서 이 인물을 언급하면 당신은 지적인 모습을 뽐낼 수 있을 것이다)의 말을 빌려 "미덕은 당신 영혼의 건강이다"를 "*당신의* 미덕은 *당신* 영혼의 건강이다"라고 바꾼 것이 우연일까? 당신은 건강상의 결함에서도 무언가를 배울 수 있다. 그가 가련하게도 대머리였고 일사병으로 죽었다고 전해진다는 사실을 생각하면, 이건 상당히 아이러니하고 우스꽝스럽게 보이기도 한다.

자기 자신을 뛰어넘고자 한다면 상처를 알아내라고 니체는 부르짖는다. 이는 여러분 개인적인 존재가 성장하느냐가 달린 문제다. 여러분의 건강상 결함이나 장점은 다른 사람들의 그것과 다르다. 어떤 사람에게 좋은 것이 반드시 다른 사람에게도 좋은 것은 아니다. 그 사람은 특정 분자에 알레르기 반응을 보일 수도 있으니까. 굴 한 접시는 굴 애호가에게는 큰 기쁨이겠지만 알레르기가 있는 사람에게는 얼마나 괴롭겠는가.

질병은 우리 자신에 대하여 엄청나게 많은 것을 알려준다. 이 사실을 니체가 놓쳤을 리 없다. 질병은 우리로 하여금 내면을 관찰하게 한다. *우리의* 질병을 인식하는 일은 단지 우리의 특수성을 깨닫게 할 뿐 아니라 성장이나 쇠퇴에 기여한다. 질병은 우리를 강하거나 약하게 만드는 것이 무엇인지도 인식하게 해준다. '매우 건강할' 때 우리는 우리를 온전히 알게 된다. 증상과 진단은 의미가 결여된 단어들 속에 굳어 있는 것이 아니라 육체의 살 속에 새겨져 있으며, 힘차게 또는 고통스럽게 모험을 이어간다. 바로 이 때문에 본질적이고 개인적으로 ―함께 가는 두 가지 요구 사항― 우리가 있는 그대로의 자기 모습과 다시 연결될 필요가 있다.

니체가 질병에 대하여 실시한 분석의 결론은 참으로 경솔하기 짝이 없다. 이런 조건에서라면 당연히 각자가 자기 자신을 치료하는 최고의 의사라는 것이다. 심지어 니체는 그의 저서 《이 사람을 보라》에서 약 없는 자가 치료를 예찬한다! 이 말을 듣고 분노할 의사에게 니체에 대한 변명을 하자면 그가 우리에게 처방하는 약은 정신적인 약이며 오로지 우리 자신의 의지만을 필요로 한다. 뒤이어 니체가 어떻게 우리 의지를 강력하게 만드는지 가르쳐줄 것이다.

여러분의 질병을 알아내라.
누군가 여러분에게
정해진 치료법을 알려주기 전에
그 질병을 맞이하라.

삶의 자세

여러분이 무엇으로 고통받는지 여러분 자신보다 더 잘 설명할 수 있는 사람이 있을까?

다른 사람들로부터 여러분의 행복이 유효한지 인정받고 평가받으려 하는 게 아무 소용이 없다는 사실을 깨달은 적이 있는가?

나는 다른 사람의 상황이 너무도 부러운데, 어째서 그 사람은 자신이 가진 것에 기뻐하지 않을까?

반대로, 나를 그토록 괴롭히는 것에 대해 사람들 대부분은 어째서 그토록 무심할까?

여러분의 질병과 건강 수준에 관계되는 이러한 질문들은 제삼자의 평가가 필요 없을지 모른다. 이 문제를 깊이 고찰해 본 니체는 우리가 하소연할 때 (그 하소연을 듣는 사람들은 개의치 말고) 진정으로 우리를 도와줄 수 있는 것이 무엇인지 찾아 나서라고 권고한다.

나만의 독서 루트

거침없이 말하는 니체의 태도에 충격을 받았는가?
→ 11. 의미 있게 도발할 것

7

스스로
치료할 것

"나는 특별한 의미에서 어떤 철학자 의사를 고대한다.
인류의 전반적인 건강 문제를 탐구하는 이들 중 하나가
[…] 한 번이라도 용기를 내어
내가 단지 그 존재를 짐작만 하는 것을
과감하게 결말까지 밀어붙이기를 기다리는 것이나……"

《즐거운 학문》, 제2판 서문, 2.

여러분이 짐작하듯, 사람들은 의사를 만나러 가듯 니체를 만나러 가지 않는다. 니체가 우리를 진찰하기에 진료 일정이 너무 빠듯해서는 아니다. 니체는 아마도 여러분에게 할애할 시간이 있을 테다. 어떤 개인이 고통받는 이유를 식별하는 일은, 질병이나 건강과 관련된 사안을 넘어서는 관점에서 그 사람을 이해하는 첫 번째 행위다. 그러니 철학자는 필연적으로 의사가 되며, 또 반대로 바로 그 지점에서 니체의 의료적 입장이 철학적 야망과 만난다. 의사 니체를 만나러 가는 환자는 치유보다는 자기 이해를 추구한다.

여러분은 이제 우리가 어떤 방식으로 습관에 빠져들었는지 모르고는 자신을 알고자 하는 노력이 헛되다는 사실을 안다. 그러니 검사의 폭을 넓혀야 한다. 니체는 개인에 대해서가 아니라 문화 전체에 대해, 즉 모든 영역에서 우리가 세상에 대해 지닌 표상을 만들고 이끌어가는 데 기여한 모든 인간 활동과 산물에 대해 진단을 내린다. 이 점에서 니체는 그 누구보다 광범위한 영역을 다루는 일반의일 것이다.

니체에게 철학자는 무엇보다 문화를 치유하는 의사다. 이 점에서 철학자 의사 니체의 청진기는 우리 주변 모든 구석구석을 향하는 감지기를 닮았다. 그 놀라운 도구는 문화가 서로 다르게 표현되는 양상(철학, 종교, 도덕 등)이 전혀 중립적이지 않으며, 어떤 결정된 역사의 열매인 가치들을 자연스레 만들고 표현한다는 사실을 감지한다.

"도대체 누가 의사로서 우리 시대가 건강과 질병 측면에서 어디 위치하는지 말할 수 있을까?"●

니체가 내리는 진단명은 허무주의라 불린다. 그는 철학이 의도하는 바는 진리 추구가 아니라 그와는 전혀 다른 문제, 이를테면 건강, 미래, 성장, 힘, 삶 같은 문제일 거라고 의심한다. 여러분은 자신의 신념 때문에 고통받는가? 아니면 자기 종교의 가르침이나 자신이 지닌 도덕적 금기 때문에? 니체가 철학자 의사를 거론한 것은 전혀 농담이 아니다. 니체는 여러분이 지닌 삶에 대한 현실적인 갈망을 잘 알고 있으므로 여러분에게 적절

● 《반시대적 고찰》, 3장 '교육자로서의 쇼펜하우어', 6.

한 치료법을 처방할, 아니 그보다는 여러분 자신이 겪는 고통의 근원을 충분히 잘 이해하도록 이끌어 스스로 치유하게 할 능력이 있다.

니체가 의사를 거론한 것이 순전한 은유는 아니다. 실제로 우리 안에는 병적인 무언가가 있다. 그리고 정신과 신체는 매우 긴밀하게 연결되어 있으므로 문화적 가치들을 신체적 건강의 증상으로 간주하는 일은 매우 타당하다. 문화적 가치들은 신체적 건강을 직접적이고 있는 그대로 표현한다. 문화적 가치는 우리 모두에게 영향을 미치며, 거기에는 철학자들도 포함된다. 그래서 니체는 소크라테스나 칸트를 비판한 것이고, 이런 관점에서 보면 그러한 비판은 실제로 불경죄와 거리가 멀다.

약이 필요 없는
니체 치료법으로
자기 자신을 치료하라!

삶의 자세

여러분은 문화, 즉 여러분을 둘러싼 모든 것과 어떤 관계를 맺고 있는가?
이는 엄청난 질문이라 얼마간 혼란을 불러일으키는 게 당연하다. 하지만 자기 성찰의 엄격한 틀 안에서 돋보기로 자신을 검토하기보다 문화적 가치들이 어떻게 당신의 내부에 통합되었는지, 그리고 그 가치들이 어떤 방식으로 움직이는지 알아보려고 한 적이 있는가?
그중에서 여러분이 병적으로 혐오하는 가치들이 있는가?
여러분을 격려하고 북돋는 다른 가치들이 있는가?
여러분은 그 가치들에게서 자유롭다고 느끼는가, 아니면 그것들을 어쩔 수 없이 따른다는 느낌을 받는가?

자기 자신에 대하여 진단을 내리기에 가장 적합한 인물은 바로 여러분이다. 니체의 길을 따라가면서 여러분은 필요하다면 자신을 직접 치유할 능력을 갖추게 될 것이다.

나만의 독서 루트

니체에 따르면 우리가 걸린 질병은 '허무주의'라고 불린다. 이 사실을 이해했다면,

→ 24. 적극적 허무주의자가 될 것

우리에게 그토록 큰 영향을 미치는 것에 대해 니체가 어떤 방식으로 거리를 두는지 궁금하다면,

→ 31. 정신과 육체를 분리해 생각하지 말 것

8

_____

질병을 똑바로
바라볼 것

"그래서 나는 동시에 의사이자 병사로서 애썼다…"

《인간적인, 너무나 인간적인》, II, 서문, 5.

　　　　　질병은 니체의 편지 어디에서나
등장한다. 질병은 그의 삶에 박자를 넣는다. 기후가 따뜻한 곳
에서 겨울 보내기, 몇몇 친구들에게 둘러싸여 절대 자연과 멀
리 떨어져 지내지 않기, 오랫동안 산속에서 산책하기…… 니체
는 삶의 여러 물질적 측면을 자신의 건강 상태에 맞추어 조절해
야 했다. 이러한 현실은 그가 거의 혼수상태로 지낸 생애 마지
막 10년 동안 더욱 심하게 나타난다. 하지만 그런 극단적인 상
황에 처하기에 앞서 니체는 자신이 아프다는 사실을 똑똑히 알
면서 이렇게 비아냥거렸다.

　　"니체 씨를 거기에 그냥 내버려 둡시다. 니체 씨가 건강을
되찾는 게 우리에게 뭐 그리 중요합니까?"◆

◆　《즐거운 학문》, 제2판 서문, 2.

냉소적인 반응으로 보일 수 있겠지만, 이런 태도에는 현실적인 혜택이 없지 않다. 이렇게 자신의 질병을 인정하는 일은 단조롭고 무의미한 삶에 균열을 가하고, 이 균열은 역설적으로 한창 고통받는 존재에 활력을 불어넣는다. 심층적인 자아와 아찔하리만치 가까이 마주 보게 함으로써 말이다. 침묵과 고독 와중에 니체의 통찰력은 더욱 예리해진다. 단어들이 이루는 연약한 껍데기는 감각의 압박을 받아 산산조각이 나고, 그 빈약한 내용물은 증발하며 단 한 순간 자신의 무의미함을 펼쳐 보인 후 흩어져 사라진다.

니체가 겪은 질병의 임상적인 원인에 대하여 여러 추측이 이루어졌다. 매독, 아니면 가족력(특히 아버지)의 영향을 받은 중추신경계통의 질병(대뇌 백질병변)이었을 가능성이 크다.

1889년 1월 3일 토리노, 그 광증이 발현한 날짜와 장소는 분명히 알려져 있다. 그날 이탈리아의 도시 토리노에서 니체는 마부에게 심하게 맞고 있는 말을 향해 달려들어 울면서 말을 끌어안아 보호하려 했다. 이 감동적인 장면은 인간과 초인의 우월함을 단언한 차갑고 거만한 니체의 이미지와 정반대되지 않는가? 그 사건 이후로 현실은 모호해진다. 사람들은 니체에게 열렬히 숭배하는 누군가가 기다리고 있나고 거짓말을 한 후, 그를 기차에 태워 정신병원으로 보낸다. 그는 점점 더 앞뒤가 맞지 않는 편지 몇 통을 작성한다.*

　10년 동안 (잘 알려진 반유대주의자의 아내고 그 자신도 남편의 생각에 젖어 있던) 니체의 여동생 엘리자베트는 니체를 물질적으로 도우면서 니체 사상의 양상과 그 사상이 띤 포부를 크게 왜곡했다.** 무엇보다 엘리자베트 때문에 사람들은 니체의 작품이 나치의 치욕스러운 행태를 얼마간 인정한다고 생각하게 되었다. 그러나 사실 그의 작품에는 나치를 옹호하는 내용이 단 한 글자도 없다.

● 　니체가 적어도 질병 초기에 광기를 가장했을 수도 있다는 생각을 나는 버릴 수 없다(하지만 이는 환상일 가능성이 크다). 토리노에서 자신이 무너지도록 계획해 다른 사람들이 자신의 남은 생애와 자기 작품을 처리하게 한 것이다. 니체의 친구 프란츠 오버베크는 이렇게 적었다. "니체가 정신 장애를 겪은 시기를 관찰한 바에 따르면, 그 질병이 꾸며낸 것이라고 생각할 수밖에 없을 때가 있었는데 이는 참으로 끔찍했다."(F. 오버베크, 《니체에 대한 기억Souvenirs sur Nietzsche》, Allia 출판사, 파리, 37쪽). 니체가 쓴 마지막 편지들이 차지하는 위치는 이런 관점에서 매우 모호하다. "엄마, 나는 예수를 죽이지 않았어요, 이미 누가 죽였죠." 또는 "엄마, 불을 지필 탈레르(옛날 화폐)가 없으면 나를 팔아요." 같은 말이 농담이라는 사실이 아쉬울 지경이다(요한 고크Johan Gok라는 사람이 서문을 썼고 그것이 모방 작품임을 나타내는 몇몇 단서가 보이는 책인 니체, 《멍청해서 죽은Mort parce que bête》). 그만큼 사실성이 짙기 때문이다.

●● 　니체의 여동생 엘리자베트가 그의 작품을 어떻게 은폐했는지는 정확히 알려지지 않았지만, 니체가 1890년~1892년 이후에 자기 노트에 메모를 남겼을 가능성은 매우 희박하다. 한편, 엘리자베트가 바이마르의 니체 기록보관소(이곳에서 그녀는 1990년 8월 24일에 니체가 죽을 때까지 그를 식물 상태로 연출해 보였다)에서 자기 오빠가 쓴 메모를 위조했다는 사실은 의심의 여지가 없다.

여러분이 질병을
어떤 시선으로 바라보는지 생각해 보라.
그 시선은 의미 없지 않다.

삶의 자세

니체의 '광기'에 대하여 어떤 생각이 드는가?

여러분이 보기에 니체가 인간인 동시에 철학자였고, 철학자인 동시에 광인이었다는 사실은 중요한가?

그런 생각을 하면 니체가 사회에서 소외된 인물로 보이는가, 아니면 더 인간적이라고 생각되는가?

그런 생각 때문에 니체 사상을 불신하게 되는가, 아니면 그의 사상이 더 섬세하게 보이는가?

일반적으로 광기와 질병은 여러분을 불쾌하게 만드는 이유인가, 아니면 인간의 약점과 나약함을 나타내는 표시로서 그로 인해 고통받는 사람을 도와주어야겠다고 생각하게 되는 이유인가?

나만의 독서 루트

만일 위기의 미덕을 더 깊이 알아보고 싶다면, 수동적 허무주의에서 능동적 허무주의로 넘어가는 경로를 살펴보라.

→ 24. 적극적 허무주의자가 될 것

니체가 처한 상황에 동정이 든다면,

→ 19. 피해자의 자리에 머물지 말 것

9

자신만의 단어를
찾아낼 것

"우리의 학문 전체는 그 차가움,
정서에 구애받지 않는 성질에도 불구하고
여전히 언어의 기만적인 유혹에 종속되어 있으며,
요정으로 대체된 그 작은 괴물들을 떨쳐내지 못했다."

《노녁의 계보》, 제1논문, 13.

무엇인가를, 특히 우리가 겪는 고통이 무엇인지를 묘사하려면 그것을 식별하고 말로 표현해 전달할 수 있어야 한다. 그런데 어떻게 완벽하게 개인적인 상황을 묘사하기 위해서 공통의 언어를 사용할 수 있겠는가? 내가 느끼는 감각과 느낌—나의 질병—의 고유한 특성을 제거해 왜곡하지 않고 어떻게 그것을 타인에게 전달한단 말인가? 단어에는 악랄한 무언가가 있다고 니체는 말한다. 그렇다면 우리 내면의 깊은 곳에서 벌어지는 일을 어떻게 말로 표현할까?

자신의 단어를 찾아내기란 참으로 어려운 일이다. 자신이 느끼는 불안, 또는 시시각각 변하는 강렬한 기쁨을 지칭할 정확한 단어를 찾아내 보라. 그 단어들은 내가 아니며 내가 반드시 체험하지는 않은 것들을 지칭하기 위해서 다른 사람들에 의하여 일상적으로 사용된다. 예를 들어 나의 두려움은 다른 사람의

두려움과 똑같은가? 그리고 *내* 사랑의 감정은 정말 '사랑'이라는 단어로 묘사되는가? 내가 느끼는 감정들과 달리 내가 사용하는 단어들은 나의 소유물도, 타인의 소유물도, 심지어 어쩌면 그 단어들이 지칭한다는 대상의 소유물도 아니다. 우리는 말을 하면서 단어에 서서히 그 자체의 현실성을 부여하는데, 단어는 단어가 포함하는 다양성—특히 *우리의* 충동들—에 비추어 볼 때 그나마 덜한 악, 근사치, 배신에 불과하다.

철학에서 언어에 대한 비판이 이루어진 것은 어제오늘의 일이 아니다. 20세기를 거치며 여러 사상가가 철학의 '언어적 전회'라 부르는 것을 이룬다. 이는 우리가 겪는 문제들이 이성이나 존재 때문에 야기된다는 생각에 반대하여, 이런 문제들이 주로 우리가 사용하는 단어들에 의하여 발생한다고 보는 입장이다.• "단어가 우리 길을 가로막으니"•• 그렇다면 새로 길을 만

• 단어에 대한 비판은 근대적인 양상을 띠지만 고대로 거슬러 올라가며 모든 철학 전통을 관통한다. 가령 데카르트는 자신의 유명한 《제2 형이상학 성찰》에서, 우리가 지식에 대한 판단을 표현하려고 감각에서 유래한 은유("je n'y entends rien"('나는 그것에 대해 아무것도 모른다'라는 뜻으로서 직역하면 '거기에서 아무것도 안 들린다'—옮긴이); "je vois ce que tu veux dire"('네가 무슨 말 하는지 알겠다'라는 뜻으로서 직역하면 '네가 무슨 말 하는지 보인다'—옮긴이))를 사용할 때 일상어가 우리를 혼란시키는 경향을 애석해한다. 지식에 대한 판단은 실제로 결코 감각에만 의존하지 않고 오로지 정신에 의존한다.

•• 《아침놀》, 47.

들어 나아가자! 나는 이제부터 "나만의 것들을 위한 나만의 언어"●를 사용하리라고 니체는 결심한다.

니체는 자기 생각을 이해시키기 위해서 자기만의 상상의 언어를 만들어내는 어린이와 비슷한 일을 했다. 즉, 니체는 부분적으로 자신만의 고유한 언어를 만들어낸다는 멋진 생각을 했다. 그는 자신의 아포리즘을 해독하려면 인내심이 필요하며 독자가 이를 이해하기 위해서 상당한 노력을 기울여야 한다는 사실을 똑똑히 인식하며 자신만의 언어를 사용한다.

다음과 같은 단어들이 무엇에 해당하는지 알아맞혀 보라. *모랄린*(moraline. 프랑스어로 모랄morale은 '도덕, 윤리'라는 뜻―옮긴이)은 보수주의 대용약으로써 아침, 점심, 저녁에 커다란 물 한 잔과 함께 먹어야 한다. *페탈리즘*faitalisme은 작은 사실들faits에 대한 운명론fatalisme이다. *리녹세라*Rhinoxera는 바그너(〈라인의 황금〉 같은 오페라 작품을 남긴 인물)의 예술을 분석하는 맥락에서 사용된 말로서, 독일 민족주의를 상징하는 라인강을 19세기말 프랑스의 포도밭에 큰 피해를 준 해충인 필록세라phylloxera와 연결한다.

이미지가 참으로 강렬하지 않은가? 니체의 신조어들은 우리

● 《도덕의 계보》, 서문, 4.

의 호기심을 일깨우며 협소한 단어들을 그 경직성에서 풀어내는 단어의 고고학 탐색 작업으로 우리를 초대한다.

어떤 단어를 사용할 때에는 그릇된 습관이 따르게 마련이므로 니체는 단어를 다양하게 변화시킨다. 단어들을 연결망으로 조직해서 그 *뒤에* 있는 것이 아니라 그들 *사이에* 있는 것을 명백히 드러낸다. 우리를 이끌어 가는 힘이나 상징들을 지칭하기 위해서 그는 정서, 본능, 충동, 열정, 갈망, 식욕 등 넓은 범위의 온갖 단어를 사용한다. 이들이 지칭하는 것은 무엇인가? 변화하는 것, 항상 해석에 예속되어 있으며, 사물이 지닌 치밀한 단단함도 쇠퇴해 가는 정신의 유연함도 지니지 않은 그 무엇이다. 너무나 진실해서 단어가 그것이 지칭하는 것과 같다고 우리가 믿지 못하게 하는 니체는, 자신이 할 수 있는 범위 내에서 단어와 사물들이 서로 만나는 장소를 추적해 그 경로를 그려내는 큰 공을 세웠다.

단어를
자기 것으로 만들어라!

삶의 자세

여러분은 어떤 사람들이 자신만의 언어를 지녔다는 사실을 눈치챘을지 모른다. 그것은 말할 때 취하는 매우 개인적이고 특별한 방식일 수도 있고, 다른 사람보다 더 자주 말하는 어떤 단어들일 수도 있다.

여러분이 사용하는 단어들에서 조금이나마 자기 자신을 찾을 수 있다고 생각하는가?

여러분이 사용하는 어휘 중에서 진정으로 자기 자신에게서 나온 것은 무엇인지 자문한 적이 있는가?

사용한 표현 양식(대화, 메일, 문자, 메모 등)이 의지를 표명하는 데 유리하다 하더라도, 단어를 선택하는 일은 쉽지 않다. 어떤 단어들이 현실을 단순화한다고 느끼는가?

감정이 취할 수 있는 무수한 모습 중 여러분이 느끼는 정확한 감정을 표현하기 위해서 단순히 '사랑'이나 '두려움' 같은 단어를 사용하는 것보다 더 만족스러운 소통 방식을 찾아냈는가?

나만의 독서 루트

여러분도 니체가 단어들을 다루는 방식에 매료되었는가?

→ 15. 이미지로 표현할 것

단어를 거부하는 것이 단어가 내포하는 개념들을 경계하는 일로 이어져야 한다고 생각한다면,

→ 14. 개념을 경계할 것

단어 이면에 있는 현실을 꿰뚫어 볼 준비가 되었는가?

→ 16. 설명하지 말고 해석할 것

10

도덕의 계보를
탐색할 것

"우리는 우리 자신을 알지 못한다.

지식을 구하려는 우리는 정작 우리 자신을 모른다.

여기에는 훌륭한 이유가 있다.

우리는 자기 자신을 결코 찾아 나서지 않았다.

그러니 어떻게 언젠가 우리 자신을

발견하는 일이 생길 수 있었겠는가?"

《도덕의 계보》, 서문, 1.

계보학은 상당히 널리 퍼져 있는 취미다. 이 역사학의 부속 학문은 자신이 어디에서 왔는지 더 잘 알게 하고, 자신의 뿌리와 다시 관계를 맺게 하고, 자신과 비슷한 사람들을 알게 함으로써 집단 정체성을 되찾도록 하는 계보의 지속성에 우리를 편입시킨다.

니체는 조금 특별한 계보학자다. 가족 집단보다 훨씬 더 일반적인 수준에서 그 방법론을 사용하며, 계보학을 생물이 아닌 개념에 적용하기 때문이다. 니체가 이 두 측면을 결합하여 즐겨 실시한 계보학적 탐색은 '우리의 도덕적 편견의 기원'에 초점을 맞춘다.

도덕의 계보를 탐색하는 일에 착수한다는 사실 자체가 우리가 도덕에 부여하는 지위를 여실히 드러내는 행위다. 도덕의 구성요소를 설명하거나 도덕을 평가하기에 앞서서 말이다. 어떤 사람 또는 (니체가 하듯) 어떤 가치의 역사적 근원을 탐색하면서 우리는 주로 그 사람이나 가치의 기원, 즉 탄생일에 중점을 두며, 이는 반드시 어떤 맥락에 연관된다.

여러분은 도덕의 *기원*을 묻는 일―그것이 어디에서 왔는가?―과 그 토대를 탐색하는 일의 차이를 알겠는가? 칸트 같은 철학자는 도덕의 토대를 탐색하거나, 우리가 이러저러한 우리 행동의 토대에 대하여 의문을 던질 때 "어째서 저것보다는 이것인가?"라는 질문에 답하려고 애쓴다. 정당성, 즉 어떤 현상이 원리에 기초를 둔 방식을 질문하는 것이다. 그래서 우리는 정확한 자기 생일은 알지만 우리 자신의 토대, 즉 우리가 지금 여기에 있는 이유는 모른다.

도덕을 탐색하는 니체의 계보학 연구는 그 자체로 도덕을 정당화하려는 일은 터무니없다는 주장이다. 우리의 도덕은 토대가 없다. 도덕은 플라톤 사상이라는 하늘에 기입되어 선의 이데아, 진, 선, 미에 대한 생각과 공존하지 않는다. 하지만 우리의 도덕에는 출생일이 있다! 도덕은 만들어진 것이다. 그것도 지배자들에 의해서. 약자는 그 도덕을 자기 안에 동화시켜서 병에 걸릴 지경에 이르고, 지배자가 약자에게 주입하는 유효 성분은 더욱 강화된다.

니체가 할 말이 이게 전부라고 믿지 말라. 그는 이제 곧 도덕

이 창조된 조건과 그것을 둘러싼 '숨 막히는' 분위기를 여러분이
발견하게 할 것이다.

여러분이 누구를,
또는 무엇을 계승한 사람인지
알아내라!

삶의 자세

가치는 우리 주변 어디에나 있다고 해도 과언이 아니다. 우리에게 동기를 부여하는 이상이 있는가 하면, 우리를 격분하고 반감을 갖게 하는 생각들도 있다. 우리는 어떤 것들을 정당하다고 여기고, 다른 것들을 완전히 부당하다고 생각한다. 우리가 이런저런 가치들을 회피하든, 긍정하든, 부인하든, 그에 맞서 싸우든, 가치는 우리 삶의 계획 대부분을 설명한다.

여러분은 자신이 따르는 가치들을 계보학적으로 탐색하는 일에 착수해 본 적이 있는가?
"무엇이 정당하거나 부당한가?"라는 질문을 "삶에서 나로 하여금 저것이 정당하고 이것은 부당하다고 생각하게 이끈 사건들이 있는가?"라는 질문으로 대체하는 경험을 해 보고 싶은가?
그 사건들은 무엇인가?

여러분이 지닌 삶에 대한 주요한 입장이 생겨난 지점을 조금 더 잘 식별하면 여러분은 자기 인격의 사각지대로부터 풀려날 수 있다. 그러면 아마도 더 효율적이고 실질적으로 행동하여 목표에 더 쉽게 도달하게 된다.

나만의 독서 루트

여러분은 도덕을 만들어낸 현실에 직면할 능력이 있다고 생각하는가?

→ 23. 신의 존재를 의심할 것

모든 가치의 양면성을 알아볼 시간이 더 필요한가?

→ 16. 설명하지 말고 해석할 것

→ 24. 적극적 허무주의자가 될 것

여러분의 존재에 의미를 부여하기를 거부하지 않으면서 '도덕'에서 풀려나 살아갈 필요를 느끼는가?

→ 30. '교화'가 아닌 '교육'을 받을 것

→ 34. 자유로운 의지를 가질 것

11

의미 있게
도발할 것

"나는 내 운명을 안다.
언젠가 나의 이름에는 엄청난 무언가에 대한
기억이 결합할 것이다 ─ 지구상에 결코 없던
어떤 위기에 대한 기억, 신념들이 더없이 격렬하게 충돌한 기억,
지금까지 믿어졌고 요구되었고 희생된 모든 것에
반대하여 표명되는 판단의 기억.
나는 한 인간이 아니다.
나는 다이너마이트다."

《이 사람을 보라》, 나는 왜 하나의 운명인가, 1.

도덕적 신념에 대한 측면

도 포함해서 나쁜 습관에서 벗어나려면, 미리 그 습관들에 우리를 얽매는 굴레를 깨부수고 우리가 도약하는 것을 막는 구속에서 벗어날 줄 알아야 한다. 이를 위해 니체가 보이는 태도는 이따금 도발 행위와 비슷하다.

니체는 정말로 도발자일까? 이 질문에 답하기 위해서 우리가 도발이라고 간주하는 것의 몇 가지 특징을 살펴보자. 일단, 도발은 겉보기에 아무런 근거 없는 행위로 보일 수 있다는 사실을 여러분은 아마도 인정할 것이다. 하지만 잘 생각해 보면, 대체로 그런 행동에 대한 이유를 찾아낼 수 있다. 의도적으로 상대의 짜증을 유발하거나 자제력을 잃게 만들 목적으로 도발함으로써 공격하는 것이다. 또 도발 자체가 우리가 깨닫는 깨닫지 못하든 그 이전에 이루어진 도발이나 받은 상처에 대한 응수일 수 있다. 끝으로, 도발은 그 대상이 되는 사람의 신념을 뒤흔들게 만들려는, 즉 그 사람의 표상과 행동을 변화시키려는 하나의 방법이 될 수 있다. 그렇다면 도발은 호의가 담긴 조언●과 어떤 점에서 구분될까? 이유 없고, 상처를 주고, 불안정하게 만들고, 변화를 도모하는 행위로서 도발은 겉보기에 여러 면모를 지닌다.

이러한 특징을 지닌 도발을 하는 데에 니체는 거침이 없다. 그는 도덕과 종교의 권위를 거부하거나, 진리가 중립적이라는 사실을 비판하거나, 가치들을 전복하라고 호소한다. 니체는 까다로운 주제도 결코 피해가지 않는다. "그 말들이 도발적인가?"라는 질문에 대하여 우리가 어떤 합의를 볼 가능성은 거의 없다고 보인다. 이런 상황을 활용해서 이 책에서 여러분이 도발적이라고 판단하는 인용문을 가려내고 그 의도가 무엇인지 질문해보라. 그것이 여러분 자신의 신념을 내포하고 있음을 깨닫게 될지도 모른다.

가장 엄밀한 의미에서 도발은 타인으로 하여금 비난받을 행동을 하게 만들려는 시도다. 도발의 한 유명한 사례는 2006년 7월 9일에 프랑스와 이탈리아가 맞선 월드컵 결승전에서 마르

● 도발은 바로 이렇게 의도적인 행동에 대한 이유로 내세워지기도 한다. 이를테면 "내가 너한테 이유 없이 상처를 주려던 게 아니라, 너를 아끼는 마음에 그렇게 한 거야!"라는 식으로.

코 마테라치가 지네딘 지단에게 한 행동*이다. 폭력을 유도하는 도발 사례인데, 이는 도발의 흔한 형태다. 여기에서 비난받을 행동이란, 도발이 이루어지지 않았다면 혼자서는 결코 저지르지 않았을 행동이다. 이런 관점에서 보았을 때 도발은, 도발을 당한 사람이 일시적으로 전환의 순간에 놓이는 한계 상황이고, 그 상황에서 도발을 당한 사람은 자신이 보이는 태도의 모든 자초지종을 파악하지 못한다. 도발에 응수하는 행위는 완벽하게 의도적일 수도, 이성적일 수도 없다.

니체는 비난이나 찬동이 어떤 기준에 기초하는지 규명하는 본질적인 문제를 우리에게 제시한다. 도덕과 진리라는 측면에서 상황은, 경기 중에 규칙을 문제 삼을 수 없는 축구장에서와는 다르게 전개된다. 니체의 사상에서 도발은 이 사실을 더 쉽사리 깨닫게 만든다. 즉, 우리는 대부분 *이른바* 진리와 도덕적 가치에 근거하여 판단을 내리지만, 어떤 경기의 규칙은 그저 규칙일 뿐이다(있는 상태 그대로를 원하는 것, 상황을 있는 그대로 인정할 줄 아는 것, 즉 이른바 '진리'와 '도덕'에 앞서 있는 그대로의 상황을 받아들이는 것은 니체 철학의 주요한 포부다).

---

* 이탈리아의 축구선수 마르코 마테라치가 프랑스의 지네딘 지단에게 모욕적인 말을 하여 지단이 홧김에 마테라치를 머리로 들이받은 사건.

건방진 행동인가, 스스로 생각하라는 권고인가?

이는 각자가 결정할 문제고, 니체의 문헌에서는 아마도 이 둘을 모두 조금씩 찾아볼 수 있을 것이다. 나의 진리는 끔찍하다고 니체는 말한다. 왜냐하면 지금까지 진리라고 불려온 것들이 거짓말이기 때문이다.

"모든 *가치의 전도*, 바로 이것이 인류가 저 자신으로 되돌아오는 최고의 행위를 지칭하는 나의 표현이다. 그러한 행위는 나에게서 살과 천재성이 되었다."

니체는 자신의 철학적 견해를 그리스도를 나타내는 말로 표현하되, 희생의 측면을 그야말로 이교도적인 아폴론의 예술적이고 활력 넘치는 충동으로 대체한다. 여러분은 이것이 도발이라고 생각하는가?

도발을 깊이 숙고하여
사용하라!

삶의 자세

여러분은 쉽게 도발하는가?

도발을 근거 없는 행위나 상처를 주는 말이라 여기는가?

도발함으로써 정확히 무엇을 얻고자 하는가?

도발을 통해 다른 선택의 여지를 보여줌으로써 견해를 뒤흔들고 여러분이 지닌 견해의 독특함에 주목하게 만들려는 것은 아닌가?

그런 경우라면, 당신은 아마도 근거 없는 도발을 어떤 목적을 띤 도발과 구분할 수 있을 것이다. 타인을 부정하는 것과 자신을 긍정하는 것 사이의 차이는 크다.

나만의 독서 루트

도발이 새로운 가치를 창조하는 데 기여한다고 생각하는가?

→ 17. 아폴론처럼 창조할 것

확립된 질서를 전복하기 위해서 도발하는 것이 정당한지 의문이 드는가?

→ 12. 확립된 가치를 뒤엎을 것

NIE
TZS
CHE

PART **2**

가치
전복하기

12

확립된 가치를
뒤엎을 것

"이제 우리는 다시금 우리 자신에게로 되돌아오고,

인간이 새로이 깊어지기 위해서

다시 한번 가치들을 뒤엎고 어지럽히도록

결심할 필요에 직면한 것이 아닐까?"

《선악을 넘어서》, 제2장 '자유정신', 32.

혁신적인 면모를 보이며 과거의
가치들을 깡그리 정리할 뻔한 사상이 아예 없던 것은 아니다.
플라톤주의는 고대 그리스의 비극적 미덕에 맞섰고, 기독교는
로마식의 '귀족'적인 고결한 이상에 맞섰다. 전복은 과학적, 사
회적, 정치적, 문화적 혁명에 발맞추어 역사를 구획 짓는다. 이
러한 전복은 단순히 역할이 뒤바뀐 것이 아니라(자신의 철학을
'전도된 플라톤주의'라고 소개한 니체의 말은 이런 관점에서 보았을 때
매우 흡족한 표현은 아니리라), 근본적으로 새로우며 그 가치를 인
정해야 마땅한 어떤 질서를 제시하는 일일 때에 더욱 타당하다.
이 점에서 니체는 자신을 좋은 소식을 예고하는 자로 간주하며,
급진적인 어조로 지나치게 반동적인 모든 논리를 경고한다.

주지해야 할 사실은, 전복 사상이 대체로 미래 구축보다는
과거 파괴를 강조한다는 점이다. 이러한 점에서 전복 사상은 혁

명이 내포하는 폭력적인 의미에 근접한다. 이러한 평가에 대하여 니체는 현재에 행위를 실행하는 것에 근거하여 답한다. 즉, 진정으로 행동하려면 과거의 독성에서 벗어나고 우리에게 해로운 습관들을 저버릴 줄 알아야 한다.

습관에 가하는 폭력이란 역설적이다. 그 폭력이 그 자체로 폭력적이며 마치 우리가 그것을 바꿀 수 없다는 듯 곧이곧대로 받아들인 습관에 대한 반응이기 때문이다. 우리는 그 습관들로 양육되고 거기에 너무도 길들어서 그것들을 순순히 받아들이기에 이르렀다. 전복의 폭력성은 이러한 맥락에서 건강한 상태를 쟁취하거나 그 상태로 되돌아오겠다고 결심하는 용기에 해당한다. '꾹 참고 자제하는 폭력'을 사용하는 용기를 발휘하듯. 이러한 용기는 근거가 없지 않으며 우리 존재의 의미를 완전히 새로이 바꿈으로써 우리 삶의 흐름을 바꿀 수 있다.

니체가 우리에게 권고하는 전복은 실천적이다. 그러니 니체와 더불어 (토대보다는) 기원이 없는 진리는 없다는 사실을 기억하자. 야기되는 전복은 단순히 이론적인 진리에만 적용되는 것이 아니라, 근본적으로 항상 어떤 문화에 의존한다. 그 문화는 우리가 실천하고 있으며, 우리는 사실상 그 안에 반드시 포함된다. 그리고 이 점에서 니체의 접근법은 플라톤과 반대다.

혁명 사상과 달리, 니체가 제시하는 전복은 특정 사건과 연관련 방식으로 읽혀서는 안 된다. 즉, 어떤 날을 기점으로 상황이 달라진 게 아니다. 삶에 도움이 되는 변화는 오랜 융화 과정이 필요하며 수 세대를 거친 끝에야 구체화되고 명백해진다. 이는 여러 문화 정책에 공유되는 생각이다. 이러한 정책들은 근본적인 변화가 단지 어떤 특정한 임기에 제한되지 않으며, 실질적인 변화 의지는 순전히 출세주의적이고 선거만을 위한 논리에서 벗어나야 함을 인정한다. 니체가 제시하는 전복은 혁명적이라서 일부 국민은 적어도 그것이 이루어진 초기 몇 년 내지는 수십 년 동안 자유가 침해당한다고 느낄 것이다. "당신이 뭔데 내 맘대로 차를 몰고 다니지 말라고 금지하는 겁니까? 아무리 오염이 심한 날이라고 해도 말이오." 그러다 사람들은 서서히 익숙해질 것이고 그래서 언젠가 다르게 생각할 거라고 니체는 설명할 테다. '아니다'보다는 '그렇다'라고 말할 줄 앎으로써, 또는 그저 '그렇다'라고 말하고 단순히 긍정할 줄 앎으로써 니체가 주장하는 가치 전복은 모든 분열에서 해방된 존재의 꿈이다.

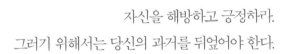

자신을 해방하고 긍정하라.
그러기 위해서는 당신의 과거를 뒤엎어야 한다.

삶의 자세

전복한다는 생각, 즉 만물과 가치의 질서가 뒤흔들릴 수 있다는 생각에 대한 여러분의 입장은 무엇인가?

전복을 추상적인 지평으로서 희망하는가, 아니면 자신이 살아가는 동안 그 것이 실현될 수 있게 적극적이고 구체적으로 기여하는가?

전복 이후를 어떻게 보는가? 단순히 다른 편으로 기우는 상황으로 보는가, 아니면 이상적으로 새로운 질서가 들어설 어떤 무효화, 대립 상태의 상쇄로 보는가?

만일 이미 그러한 전복을 경험한 적이 있다면, 여러분은 자신이 전복을 전환 기로 보는지(바꾸기 위해서 다른 것을 시도하기), 아니면 잠재적으로 어떤 지속 적인 질서가 자리 잡는 상황으로 보는지 알 테다.

끝으로, 당신이 원하는 모든 가치의 전복은 어떤 모습인가? 특정한 가치가 존재하지 않고 모든 관점과 모든 표현이 허용되는 상태인가, 아니면 모두가 당신의 견해를 공유하는, 당신이 지닌 가치들로 이루어진 세상인가?

두 번째 가정이 지나치다고 생각한다면, 당신이 그런 성향에서 완전히 벗어 나 있다고 자신할 수 있는가?

당신이 생각하는 전복이 어떤 것인지, 그리고 그런 생각이 당신의 마음속에 생겨나게 하는 느낌에 대하여 질문을 던져라. 그러한 표상이 계속 살아남을 가능성과 그 중장기적인 결과를 상세히 그려보라. 당신은 어쩌면 자신에게 열정을 불러일으키는 동기뿐 아니라, 당신이 그에 대하여 진정으로 희망하 는 결과에 상응하도록 삶의 다짐을 조정하게 될지도 모른다.

나만의 독서 루트

가치에 대하여 우리가 받은 교육, 그리고 우리 자신의 가치를 창조할 가능성을 더 잘 이해하고 싶다면,

→ 30. '교화'가 아닌 '교육'을 받을 것

의미, 그리고 우리를 둘러싼 의미 부재를 관리하는 방식에 대하여 더 알아보고 싶다면,

→ 24. 적극적 허무주의자가 될 것

진리보다는 문화를 고찰하는 일이 타당한지 가늠해 보고 싶다면,

→ 18. 진리에 트집을 잡을 것

끝으로, 여러분 자신만의 언어를 사용함으로써 구체적으로 자신을 긍정하고자 한다면,

→ 9. 자신만의 단어를 찾아낼 것

13

자유로운
정신이 될 것

"사람들은 자신의 출신과 환경, 상황과 직업,
또는 그 시대의 지배적인 시각으로 인해
생각하리라 기대하는 것과 다르게 생각하는 사람을
자유로운 정신이라 부른다.
종속된 정신이 통례이므로, 그런 사람은 예외적인 존재다."

《인간적인, 너무나 인간적인》, Ⅰ, 5장 '고급문화와 저급문화의 징후', 225.

자유로운 정신은 니체가 묘사하는 존재와 같은 철학자의 자질과 직접 연관된 능력으로서, 습관과 판단에 찌든 모든 가치로부터 독립적이고 초연한 사람이다. 이로써 정신의 해방은 자기 자신과 친밀한 관계를 되찾는 양상을 띤다. 자기 자신에게 귀를 기울임으로써 철학자는 매일 조금씩 자신의 유일성을 발견하며 놀란다. 즉, 자신의 개별적인 본질을 잃고 사회를 떠도는 비개인적인 유령이 이루는 주변의 안개와 자신이 일치하지 않는 데에 놀라는 것이다.

역설적이게도 철학자의 자유로운 정신은 깊숙한 곳에 고정되어 있다. 그는 온전히 자기 자신이자 구체적인 개인이다. '인간'이라 일컫는 핏기 잃은 추상적 관념, 니체가 《아침놀》에서 시적으로 자아*ego*의 혼령이라고 묘사하는, 점점 커지며 자신이 뒤덮고 있는 인간들과 거의 독립적으로 살아가는 견해와 습관의 안개 속에서 길을 잃은 존재가 아니다.

더 이상 '인간'도, 진리도, 가치도 믿지 않기 때문에, 아니 그 보다는 그것들의 절대적인 특질을 더 이상 믿지 않기 때문에 철학자 니체는 타인을 부정함으로써 자신을 긍정하지 않는다. 그는 사회적인 기대나 관례에서 벗어나 자신이 지닌 자유를 훌륭하게 실천함으로써 자기 자신을 규정한다.

자발성, 의지, 초연함, 독립성, 이러한 것들이 자유로운 정신의 주요 특징이다. 니체는 지나친 환상을 갖지 않으면서 앞으로 나아가려 애쓴다.

자유롭긴 하지만 고독하지 않을까? 건강을 되찾으려고 먼 바다로 나감으로써, 지적인 구축물과 정신적인 축적물보다는 자연적인 요소들과 가깝다고 느낌으로써 철학자는 홀로 바다로 나아간다. 하지만 차라투스트라처럼 자신의 동굴 속에서 홀로 지내는 철학자의 모습과 반대로, 《즐거운 학문》에서 사용된 바다의 은유, 또 니체가 가끔 사용한 탐험가의 은유는 미지의 것에 자신을 노출할 줄 아는 용기를 나타낸다.

더욱 좋은 상태로 되돌아오기 위하여 자유로이 떠나라고 니체는 제안한다. 이미 기한이 지난 일상의 가치들에 맹목적이고 비굴하게 집착하던 상태에서 자신을 해방할 새로운 시각을 얻고 나면 새로운 것을 창조해 낼 수 있다.

거리를 두라!
자유는 일상에 의문을 던짐으로써
얻어진다.

삶의 자세

거리두기가 얼마나 소중한지 느낀 적이 있는가?

니체는 우리더러 습관의 흐름을 깨고 아주 잠시라도 핸들에서 시선을 떼고 고개를 들어 앞을 바라보라고 말한다. 구원이 되는 그러한 멈춤이 얼마나 중요한지 여러분은 알고 있다.

그렇다면 당신은 그런 멈춤을 자주 실천하는가?

그러한 거리두기를 충분히 활용해서 자신이 처한 전반적인 상황뿐 아니라 지금의 삶을 구축하는 토대의 기복도 관찰하는가?

역설적이게도 어느 정도 거리를 두어야 바닥을 더 잘 볼 수 있으므로, 주저하지 말고 여러분의 시선을 즉각적인 것에서 풀어주라.

나만의 독서 루트

우리를 해방해 줄 수 있는 적극적 허무주의의 위력을 다시 알아보려면,
→ 24. 적극적 허무주의자가 될 것

높이 올라서서 내려다보는 일을 우리 사회의 관행에 대한 상대주의와 분리할 수 없다고 생각한다면,
→ 29. 민족주의에서 탈피할 것

14

개념을
경계할 것

"부스러져 여기저기 흩어져 있다.

한마디로 거의 기계적으로 내부와 외부로 분해되었다.

용의 이빨들처럼 흩어져 있는 개념들은

용-개념을 낳는다[…];

아직 단어들의 검인을 받지 않은 개인적인 감각은

모조리 경계한 채;

생명이 없으나 기이하게도 활발한 단어와 개념들이 제조소…"

《반시대적 고찰》 2장 '삶에 대한 역사의 유익함과 단점'. 10.

9장에서는 단어를 요정이라고 하더니, 이제는 개념을 말하려고 용을 동원한다. 개념과 용이 무슨 관계가 있을까? 개념은 현실(언제나 다양하며 점점 희미해지는 우리의 충동적, 정서적 삶)로부터 만들어낸 구축물이다. 개념은 어떤 조합의 결과물이다. 니체는 개념에 환상적인 특질을 결합한다. 우리가 그것을 믿는다는 사실이 어떤 개념을 특징짓기 때문이다. 사람들은 개념이 준엄하고 불변하며 객관적으로 고정되어 있다고 생각한다. 하지만 과연 사실일까?

니체에 따르면 개념은 "그 어떤 것에도 완전히 부합하지 않는 발명품"이다. 개념은 자신이 가리키는 현실을 배반할 수밖에 없다. 현실은 개념보다 훨씬 더 풍부하며 심지어 가끔은 다르기도 하다. 니체는 지식이 해석과 대치하지 않으며, 심지어 분명히 구분되지도 않는다고 생각한다. 그는 개념적인 지식을 '객관적'이라고 간주된다는 사실 말고는 전혀 특별한 것 없는 해석의 일종으로 본다. 개념은 누구에 의한 해석인가? 바로 한결같이 다양하고 포착할 수 없는 현실, 그것을 체험할 때만 가장 잘 포착할 수 있는 현실 안에서 기준점을 세우려고 진리에 대한 신화에 자신을 가두어두는 그 모든 노예 철학자들에 의하여 이루어진 해석이다. 개념은 허황된 안전자산에 불과하다.

'존재', '절대', '신', '천국'. 개념은 안심이 되지만 비어 있는 껍데기다. 그것들을 깨부수고 단어로부터 그 단어가 담고 있다고 주장하는 내용물을 비워내려 시도하라. 그러면 거기에는 아무것도 없을 테다. 이는 니체가 '신'이라는 개념에 의문을 제기함으로써 신을 죽일 수는 결코 없었을 거라는 사실을 부수적으로 보여주는 또 하나의 이유다.

객관적인 지식에 대한 이러한 믿음을 분명히 드러냄으로써 니체는 더 직관적이고 본능적으로 현실에 접근하는 일의 가치를 높인다. 니체는 현실이 보이는 그 엄청난 다양함에 직면하여 개념이 결코 모든 논리에서 벗어나 있지 않으며, 인간의 생각을 유도하고 그 방향을 결정한다는 사실을 간파한다. 즉, 개념은 생각을 생각 그 자체, 개인의 진정한 존재와 갈라놓고 심지어 그 개인의 삶의 흐름에서 벗어나게 만드는 엄청난 도구를 이루는 생산물이다. "다양한 철학적 개념들은 전혀 자의적인 특성을 보이지 않으며, 자율적으로 성장하지 않고, 서로 결연되어 상호적인 관계를 맺으며 발달한다." 개념들은 "똑같은 회로를 지칠 줄 모르고 통과하도록 제약하는" "보이지 않는 마법"에 이끌려 우리가 새로운 것을 향해 발전하고 자신을 성취하는 일을 방해하면서, 개념의 진리성이라는 질척이는 진창에 우리 발을 매어 놓는다.

그 무엇도
신성시하지 마라.

● 《선악을 넘어서》, 제1장 '철학자들의 편견에 대하여'에서 발췌.

삶의 자세

여러분은 일부 개념과 생각, 표상이 우리 삶에서 지니는 힘을 감지한 적이 있는가?

어떤 이상, 예를 들어 '정의'라는 개념이 여러분이 직접 체험하는 현실을 가리는 일은 없는가?

여러분은 어쩌면 그 현실이 항상 불완전하게 정의롭거나 불의와 뒤섞여 있다고, 또는 그러한 생각을 연관시키지 않고도 현실을 체험할 수 있다고 인정할지 모른다. 또 정의라는 측면에서 삶을 바라보고 평가하는 것이 여러 선택 중 하나라고 생각할 수도 있다.

니체는 우리에게 개념을 포기하지 말고 개념을 단지 실용적인 활동의 도구로 사용하라고 말함으로써, 관념에 직면하여 자율성을 잃지 말고 그 앞에서 결코 단념하지 말라고 권고한다. 그 어떤 실제적인 결과도 따르지 않는 서명된 조약들을 생각해 보라고 니체는 여러분에게 말할지 모른다. 여러분의 행동은 그 행동을 표현하는 말이나 관념보다 더 강력하다.

나만의 독서 루트

여러분은 단어 없이는 개념도 없다는 사실을 알고 있는가?
→ 9. 자신만의 단어를 찾아낼 것

단어와 개념에 이어 '설명'에 대하여 의문을 제기하고 싶다면,
→ 16. 설명하지 말고 해석할 것

개념을 뛰어넘는 가능성에 더 관심이 가는가?
→ 21. 직관을 따를 것

15
———————

이미지로
표현할 것

"은유는 진정한 시인에게는 수사법이 아니라,
어떤 생각을 대신하여 실제로 시인의
눈앞에 떠오르는 진정한 이미지다. […]
우리가 시에 대하여 그토록 추상적인 방식으로 말하는 이유는,
우리가 모두 대체로 형편없는 시인이기 때문이다."

《비극의 탄생》, 8장.

모든 사람이 사용하는 단어를 쓰지 않고, 단어가 매사를 결코 정확하게 표현할 수 없다는 사실을 일단 이해하면, 단어를 보조할 필요성을 깨닫게 된다. 그래서 니체는 자연스레 이미지를 사용했는데, 일시적으로만 그러지 않았다. 니체에게 은유는 단지 섬세한 비유가 아니라, 이미지들이 이루는 하나의 네트워크였다. 그것이 나타내는 현실성은 다른 단어들이 나타내는 현실성보다 덜하지 않다. 오히려 이미지의 생생함은 그 이미지들이 그려내는 현실에 더 잘 부합하기에 현실을 생기 있게 표현해 낸다.

바로 이 때문에 니체는 이따금 (가치를 표현하는) 일부 개념들의 타당성을 부정하면서도, 그 개념들을 계속 사용하지 않을 수 없었다. 그러지 않으면 아무 말도 할 수 없을 테니까. 니체가 보기에 가식에 대비하거나 그 안에서 우리 자신의 선입견과 가치들을 가려내기 위해서는 문자 그대로 받아들여서는 안 될 단어, 해독하려 노력해야 하는 단어들이 있다. 따라서 독자는 단어들을 서로 대면시킴으로써 겉으로 보이는 모순을 넘어서는 법을 배워야 할 것이며,* 이를 위해 이미지에 의지할 수 있을 것이다. 니체 철학의 가장 심오한 쟁점들에 접근하기 위해서도.

프랑스 철학자 가스통 바슐라르는《공기와 꿈L'Air et les Song-es》에서 니체를 공기에 대한 은유의 대가로 본다. '공기'라는 요소가 자주 등장하지만, 니체가 즐겨 사용한 또 다른 은유들은 생리학과 심리학의 주위를 맴돌며 자주 이 두 영역을 결합하려 한다. 전자와 후자의 경우에 말하는 대상이 크게 다르지 않으므로, 그 대상들을 모든 생명과 의지가 자라나는 공통된 토양으로 되돌리는 이미지를 사용하는 일은 도움이 된다. 이로써 생리-심리학** 이미지들은 생명을 해석하는 힘에 대한 의지의 강력함을 나타낸다.

이러한 이유 때문에 니체는 우리가 그에 대하여 최대한 너그러운 마음을 갖도록 권유하는(문장의 모순 하나라도 몰아세우려는

---

* 이 책에서 참고할 장들을 제시하여 독자가 직접 주체가 되어 자신만의 여정을 떠나도록 초대하는 것이 바로 이런 근본적인 이유에서입니다.

** 정신이 신체에 뿌리박고 있는 점에 주의를 기울이는 심리학. 결론적으로 인간, 그리고 신체와 정신 사이의 분열에서 해방된 삶을 기술하려 한다.

유혹에 저항하라) 동시에, 단어들로부터 의미가 드러나게 만들도록 노력함으로써 우리 자신에게 최대한 엄격하라고 요구한다. 그리고 단어들이 이미지로 표현되었다면 그나마 다행이다. 니체는 이 점에서 자기 책을 읽는 독자가 자신과 더불어 철학자가 될 의지를 갖도록 요구하는, 극도로 철학자적인 저자다. 그와 동시에 니체는 ―삶의 여정과 환경이 원칙적으로 다르므로― 독자가 자기처럼 생각해서는 안 된다는 생각을 존중한다.

여러분의 표상에
상응하는 이미지들을
구축하라!

삶의 자세

우리가 사용하는 언어와 어휘는 우리가 속하는 환경을 드러낸다. 그런데 여러분은 우리가 단어를 사용하는 방식이 얼마나 우리 정체성을 조직화하는지 아는가?

자유를 제한하는 도식 속에 여러분을 가둔다는 느낌을 받은 적이 있는가?

그건 단어가 우리의 생각 방식을 조직화하기 때문이다. 손쉽고 지나치게 분명한 대비(사장/직원, 남자/여자, 어른/어린이) 이면에서 대안이 될 만한 용어를 탐색하는 일은 상황을 다르게, 세상을 더 풍부한 방식으로 보는 데 도움이 될 수 있다. 이러한 탐색에서 이미지는 훌륭한 조력자다.

나만의 독서 루트

더 일반적으로 니체가 '현실'을 어떻게 움직이게 만드는지 알아보려면,
→ 18. 진리에 트집을 잡을 것

이분법적인 대비를 거부하는 것에 대해 더 알아보고 싶은가?
→ 3. 이분법에서 벗어날 것

16

설명하지 말고
해석할 것

"우리는 더 오래된 지식 및 과학 수준과

우리를 구분하는 것을 '설명'이라 부르지만,

그것은 단지 '묘사'일 뿐이다.

우리는 더 잘 묘사하지만,

앞선 모든 사람만큼이나 거의 설명하지 않는다."

《즐거운 학문》, 제3부, 112.

니체가 단어와 개념을 비판한 다음에 자신의 사유를 끝까지 이어가는 것은 자연스럽다. 다시 말해, 단어와 개념에 대한 믿음에 예속된 논리로 전개한 설명은 버려야 한다. 니체는 설명보다 해석을 선호한다. 즉, 우리를 둘러싸고 있으며 우리가 그 발달 과정을 느끼는 가치들이 나타나는 모습을 주시하려는 목적을 띤 검토를 개념, 이른바 '객관적'이라는 텅 빈 개체들을 식별하고 신성시하는 접근법보다 선호하는 것이다. 현실을 드러내 보이려고 하기를, 즉 독립적으로 존재한다고 상상하는 생각들(여러분은 그가 플라톤주의에 가한 비판을 떠올릴 수 있을 것이다)로부터 베일을 걷어내려는 시도를 멈추자. 현실은 누구나 비개인적으로 다가갈 수 있는 존재로서 이미 그곳에 있는 게 아니라, 우리 눈앞에서 어쩔 수 없이 개인적인 방식으로 만들어지는 중이다. 현실은 그저 붙들기만 하면

되니, 그것을 낚아채라! 그리고 다른 사람들이 당신보다 현실을 더 잘 알고 있으리라고 생각하지 말라. 오직 당신만이 당신이 처한 위치에 있으며, 다른 그 누구도 당신의 현실을 당신보다 더 잘 판별하고 느낄 수 없다. 여러분이 하는 묘사가 언제나 현실에 대한 가장 충실한 묘사일 것이다.

상대주의로 빠지는 것 같은가? 사람 수만큼이나 많은 현실이 존재한다고 생각하는가? 그 지점을 주의 깊게 살펴보자. 사람들은 자녀에게 "그건 맛이 없어"가 아니라 "난 그걸 좋아하지 않아"라고 말하라고 가르친다. 어른에게 "그것이 진리다"라고 말하지 말고 "그런 것이 그 현상에 대한 나의 해석, 즉 나의 관점이다"라고 말하도록 가르치자. 니체가 하는 말을 들어보라:

"그렇다면 진리란 무엇인가? 은유와 환유, 의인주의가 한데 모여 움직이는 것이다. 한마디로 인간관계의 총합으로서 [⋯] 오래 사용하고 나면 민족의 눈에 확립되고 표준이 되며 제약을 가하는 듯 보인다. 진리는, 그것이 환상이라는 사실을 사람들이 잊어버린 환상이다." •

상대주의에 대한 이러한 의심은 당신에게 해롭지 않다. 당신의 존재는 반드시 위치가 정해져 있기 때문이다. 여러분이 움

• 〈비도덕적 의미에서의 진리와 거짓에 관하여〉, 1절.

직이는 그 몸, 여러분이 활동하는 그 환경, 여러분이 생산하는 그 일과 여러분이 그 입장을 채택하는 국가라는 위치다.

모든 설명을 거부하고 자신이 몰두하는 대상에 대한 해석을 중시함으로써, 여러분은 자신의 고지식하고 유치한 믿음에서 해방되어 진정한 정신적 성숙을 이룰 수 있다. 물론, 인류가 자신을 성취하기 위해서 겪어야 할 사춘기(글자 그대로 배움과 고통의)를 거치며 매사를 있는 그대로 바라보는 법도 배워야 할 것이다.

어쩌면 여러분은 니체가 설명적인 모델에 가하는 비판이 매우 급진적으로 보이기는 해도 그것이 어떤 특정한 철학적 연속성 안에 포함된다는 사실에 안심할지 모른다. 니체 훨씬 이전에 우리가 권위 있는 설명의 최고봉으로 간주하는 과학 법칙들조차 그 권위가 땅에 떨어질 정도로 심하게 뒤흔들렸다.● 니체는 이러한 회의주의의 이유를 제시한다. 바로 설명이 묘사에 불과

● 회의주의자인 데이비드 흄도 인과관계는 어떤 불변적 연속conjonction constante을 기술한 것일 뿐임을 알았다. 결과의 토대를 원인에 두는 관계를 구상하기보다는, 둘 이상의 현상들 사이에 존재하는 상대적으로 불변하는 연관성을 확인하는 것으로 만족해야 한다. 이렇게 인과관계를 포기하는 일에는 일종의 회의주의가 따른다. 인과관계를 설명하려는 생각에 반대하기에 "내일 태양이 뜰 것이다"만큼이나 확실한 명제조차 흄에 띠르면 높은 개연성을 띠지 않는다. 당신은 평생 매일 태양이 뜨는 것을 볼 가능성이 있음에도 불구하고, 실제로는 언젠가 태양이 뜨지 않을지 모른다.

하기 때문이다. 그리고 그 묘사는 묘사하는 사람의 개인적인 경험에 단단히 뿌리박고 있다.

지식의 객관적인 특질이 그토록 중요하지는 않다는 사실에 대한 확신이 더 필요한가? 그렇다면 다음 생각을 검토하라. 한 세기 이전부터 양자물리학은 (시간과 공간을 필두로 하여) 과학적 관찰의 틀 전체뿐 아니라, 특정 방법론의 객관성(단지 여러 방법론이 존재할 뿐이다—파동성 또는 입자성 관찰에 대한 논쟁을 보라), 그리고 심지어 모순 원리(슈뢰딩거의 고양이●는 관찰하는 방식에 따라서 살아 있는 만큼이나 죽어 있다)도 의문시했다. 여기에서 보다시피 현실을 설명하고자 하는 것은 현실을 와해하는 가장 좋은 방법이며, 현실을 묘사하는 것은 현실을 보존하는 가장 좋은 방법이다.

양자물리학에 관한 이러한 고찰에 대하여 여러분과 나는 모두 어째서 이토록 무심한가? 바로 우리가 그러한 고찰을 느끼지 못하기 때문이다. 물리학에 대한 설명이야 어떻든 우리는 변

● 고양이 한 마리가 어떤 상자 장치 안에 놓여 있고, 실험 끝에 그 고양이가 살아 있거나 죽어 있을 가능성이 반반인 상황을 상상하는 사고 실험. 양자물리학 모델에서는 현상을 관찰하는 방식에 따라 두 모델을 동시에 인정하는 반면(두 모델이 중첩되고, 따라서 고양이가 죽어 있으면서 동시에 살아 있다고 말할 수 있다), 현실에서는 고양이가 죽었거나 살아 있지 결코 두 상태 모두는 아니다. 결국 상자를 열었을 때에야 가능한 두 상태 중 하나가 현실이 된다.

화를 감지하고 묘사할 수 있다. 우리는 늙어가며, 다른 곳으로 이사를 가고, 새로운 사람들을 사귀며, 우리와 가까운 사람들이 변하고 때로는 사라지기도 한다. 어째서 시간과 공간이 존재하는가? 아주 단순히 우리가 그것이 존재한다고 묘사하기 때문이다. 바로 이것이 니체가 '해석한다'라고 부르는 것이다. 해석은 곧 삶이다.

다른 사람들이
당신 대신 말하게 하지 말라!
당신의 현실을 스스로 해석하라.

삶의 자세

설명은 여러분에게 무엇을 뜻하는가? 당신이 설명을 각별히 중요하게 여긴다면, 당신은 아마도 '설명'과 '정당화'를 동일시하는 경향, 즉 어떤 것의 동기를 설명할 수 있는 바로 그 순간부터 그것을 정당화하려는 경향이 있는지 모른다.

그렇다 해도 당신은 자신에게 불쾌한 행동을 한 사람이 그 이유를 설명하기만 하면 항상 그 행동을 받아들이는가? 반대로, 당신은 어쩌면 가장 고귀하고 명백한 것들은 아예 설명할 수 없거나, 설명이 필요 없다고 간주할지 모른다. 신을 믿는다면 신의 존재를 믿고, 사랑을 느낀다면 사랑한다는 사실처럼 말이다.

그렇다면 인정해야 할 것이다. 어떤 현상을 설명하는 일은 그 현상에 신빙성을 부여하는 일과 똑같지 않다는 사실을. 어떤 것을 설명할 수는 없지만 받아들이는 경우가 있다. 그건 단순히 여러분이 현실을 관찰하고 그 현실을 자신만의 방식으로 해석하는 일일지 모른다. 삶에서 설명이 여러분의 눈을 멀게 하는지, 아니면 여러분이 내린 해석이 자신을 밝혀주는지 가장 잘 아는 사람은 바로 여러분 자신이다.

나만의 독서 루트

어떤 이론적 입장이 우리 삶을 바꿀 수 있다는 사실을 확실히 하고 싶은가?
→ 12. 확립된 가치를 뒤엎을 것

17

아폴론처럼
창조할 것

"작은 배를 탄 뱃사람처럼,

거품이 이는 물결을 산처럼 일으키며

노호하며 치솟았다 내리치는

풍랑이 심한 망망대해 한가운데에서

자신의 연약한 작은 배를 굳게 믿는 그 뱃사람처럼,

개별적인 인간은 개체화의 원리principium individuationis에 대한

신념에 의지해 고통으로 가득한 세상 한가운데에서

평정을 유지한다."

《비극의 탄생》, 1장.

이제는 예술과 예술적 창작을 살펴보자. 여러분은 비너스의 탄생을 보티첼리의 그림처럼 찰랑이며 고요히 흔들리는 물결에서 솟아나는 모습으로 상상하는가? 니체는 요동치는 가운데 승승장구하는 신이라는 덜 전형적인 광경을 여러분에게 제시한다. 그 신을 못 알아보겠는가? 바로 온갖 형태의 창조 능력의 신인 아폴론이다.

이런 식으로 아폴론이 묘사되는 모습을 보며 여러분이 놀라는 건 당연하다. 아폴론은 교묘하게도 단순히 예술 또는 아름다움의 신으로 묘사되곤 하니까. 그런데 이 격정적인 광경 한가운데에서 케케묵은 중세 철학책에서나 쓰일 법한 '개체화의 원리'라는 딱딱한 말이 난데없이 왜 나온단 말인가? 아폴론은 뮤즈들을 이끄는 것으로 유명한 신이 아닌가?

아폴론은 그가 보이는 *인간적인* 개인으로서의 모습*과 정반대로 무엇보다 자연의 힘이며, 모든 개인이 공유하는 토양, 모든 개인과 그들의 개인적인 성향이 탄생하고 솟아나는 땅에서 나온 존재다. 아폴론과 같은 존재, 그것은 신적인 한 *개인*이라는 것이며, 자신을 긍정하고 다른 이들과 구별됨으로써 그러한 존재로 완성되는 것이다.

니체가 묘사한 예술은 종교적이다. 아니 엄밀히 말하자면 반종교적인 색채를 띤다. 니체가 아폴론이라는 이교도적 숭배에 헌신하는 예술가임을 자처한다면, 그 이유는 진리를 끌어내리는 일이 창조를 요구하기 때문이다. 차라투스트라의 "신은 죽었다"를 불태움으로써 진리를 추구하는 의지는 이제 어떤 창조하는 진리, 또는 예술가들이 진리의 기술을 삶의 기술로 대체하는 일을 수행하는 방식—우리 시대에도 여전히 유효한 계획—으로 대체된다.

니체는 우리 인류를 검토하기 위해서 예수의 희생보다 아폴론식 창조 모델을 선호한다. 그럼으로써 또다시 우리 인간의 독자성을 이루는 것을 이교도적으로 표현한다. 그는 원죄의 짐을 자기실현을 이루려는 강력한 열망으로 대체한다. 인간의 삶은

---

* 그리스인은 의인주의를 무척 좋아해서 신적인 대상에 인간의 육체적이고 심리적인 특질을 부여했다.

죄악에 빠진 것이 아니라 예술적이다. 인간의 삶은 공동의 천국으로 되돌아가는 것이 아닌 개인으로서 자기를 결정적으로 실현하는 것을 목표로 한다.

아폴론 인물상의 짝을 이루는 것은 디오니소스다. 니체는 후자를 서로 다른 예술적 창작 형태들이 공통적으로 뿌리 내린 비옥한 토양으로 간주한다. 이 토양에서는 예술이 개별적인 특성들을 넘어서 우리 시야를 해방할 때 경계들이 사라진다. 특히 음악에서 자주 그런 일이 일어난다. 니체는 이 두 인물상을 이용해서 전문가의 예리한 감각으로, 고전기 이전의 표현 양식부터 고전기 창작물에 이르기까지 그리스 예술의 운각 분석, 더 일반적으로 그리스 문화 발달을 묘사한다. 이러한 묘사는 니체가 28세 때 쓴 《비극의 탄생》과 같은 맥락에서 이루어진다. 그가 안티크리스트의 이름을 동일시하는 것은 아폴론보다는 디오니소스, 그리고 디오니소스적인 창조 유형에 수반되는 도취의 감각이다. "삶의 디오니소스적인, 순수하게 예술적인, 반기독교적인 진화"라고 니체는 적는다.

그는 예술적인 이미지에서 "정화된 현실", 다듬어지고 현실 세계의 찌꺼기에서 벗어난 현실—아름다움과 환희, 만족감을 전달하는 매체로서 변모시키는 이미지—을 본다. 아폴론을 맞이하라. 개체화의 원리로 변모시키는 그 천재가 개인의 고통을

물리치고 만들어내는 조형적인 형태들을 응시하라. 그리고 디오니소스에게 귀를 기울이라!

머지않아 그 신적인 인물들은 예술 영역의 바깥으로 확장되어 삶의 창조와 파괴를 파악하는 데에 사용될 것이다. 니체는 뒤이어 《비극의 탄생》의 맥락에서 벗어나서 우리가 자신을 긍정할 때 느끼는 힘에 대한 감각으로부터 생겨나는 평정을 아폴론에게 돌린다. 자기 긍정은 (미래를 향한) 창조 과정에서 반드시 부분적인 파괴(과거)를 동반한다.

이제는 여러분 차례다. 아폴론적인 태도를 삶의 태도로 삼아라! 짐작하지도 못한 자기 성격의 새로운 측면들을 발견하기를 두려워하지 말라! 여러분을 안심시키기 위해서 말하자면, 니체가 그리는 아폴론의 화신은 내가 생각하기에 가끔 예상치 못한 어조를 띤다. 이 문구를 보자.

"어딘가에는 아직 민족과 무리들이 있지만, 나의 형제들이여, 우리는 그렇지 않다. 우리에게는 국가가 있다. 국가? 그것이 무엇인가? 자! 내 말에 귀를 기울여보라. 이제 그대들에게 민족의 죽음을 말하고자 한다."•

젊은 시절의 니체에게서 미국의 래퍼 에미넴Eminem의 격정

• 《차라투스트라는 이렇게 말했다》, 제1부, 새로운 우상에 대하여.

에 비견할 만한 몰입flow을 감지하는 건 오직 나뿐일까? 꼭 슬램slam●을 연상시키지 않는가? 약간 키치 스타일이긴 하지만 근사한 바로크 오페라의 한 장면이 아닐 이유는 또 무엇인가? 어쨌거나 여러분은 자신의 마음속에 잠들어 있는 아폴론을 표출하는 일을 우습게 여기지 말아야 한다.

여러분의 창조성에 몸을 맡겨라!
자신의 취향을 긍정하기를
더 이상 두려워하지 말라!

●　프랑스에서 랩을 하듯 시를 낭독하는 퍼포먼스.

퀴즈! 아폴론 혹은 디오니소스, 당신은 어떤 유형의 예술가인가?

a) 고전적 예술가인 당신은 일상적인, 또는 전통적인 경향에 애착을 갖는 가? 여러분에게 예술은 소통의 한 도구이자 사회화가 이루어지는 장소 이며, 작품은 어떤 메시지, 분명하게 소통 가능한 의미를 담아야 한다고 생각하는가? 새로운 것을 평가하느라 시간을 들이는 나머지 이미 유행 이 지난 다음에야 어떤 경향을 따르는가?

그렇다면 당신은 디오니소스적인 인물이다!

b) 독립적인 당신은 현재 이 순간 당신이 느끼는 열망을 나타낼 화려한 대 목을 항상 탐색하는가? 이해받지 못하고 심지어 대중에게 비웃음을 사 는 한이 있더라도? 개별성이 완전히 결여된 손쉬운 반응에 쉽사리 지겨 움을 느끼는가?

그렇다면 당신은 아폴론적인 인물이다!

이 두 경우에 모두 니체는 자신의 일상에 예술을 담으라고 권고한다. 예술의 자리는 다른 곳에 있지 않다.

나만의 독서 루트

니체의 괴상한 언동에 매료되는가?

→ 3부. 무리에서 벗어나 홀로서기

어째서 지식이라는 방식에 근거하지 않고 다른 방식으로 긍정해야 하는지,
어째서 세상을 알려 하는 대신에 세상을 체험해야 하는지 잊었는가?

→ 16. 설명하지 말고 해석할 것

18

진리에 트집을
잡을 것

"우리는 역사를 필요로 하는데,

이는 살아가고 행동하기 위해서지 삶과 행동을

간편하게 외면하기 위해서가 아니다[…].

우리는 역사가 삶에 쓸모 있을 때만 그것을 제시하려 한다.

역사를 평가하고 만드는 방식에는

그것을 넘어서면 삶이 퇴색하고 타락하는 이떤 한계가 있다."

《반시대적 고찰》 2장 '삶에 대한 역사의 유익함과 단점', 서문.

트집을 잡는 것

(프랑스어로 'faire des histoires'. 직역하면 '이야기를 만들다'이지만 관
용구로 '트집을 잡다, 말썽을 일으키다'라는 뜻이다. 한편 'histoire'는
'이야기', '역사', '내력' 등을 뜻하는 다의어다—옮긴이)은 보통 결함
으로 생각된다. 본래 첫 번째 의미로 이는 지나치게 까다롭게
굴고, 복잡하지 않아도 될 일을 복잡하게 만드는 것, 남의 짜증
을 불러일으키거나 자신이 골치 아픈 상황에 처하는 것, 적을
만들기를 무릅쓰고 매사를 과도하게 문제 삼는 것이다. 이러한
행동을 제어하지 못하면 과해지거나 극적인 상황으로 치닫지
만, 그래도 이러한 태도는 적어도 거리를 두게 하는 장점이 있
다고 니체는 말한다.

실제 상황에 대한 대안적인 해석으로서 트집을 잡는 것, 이
야기들을 만들어내는 것은 수동적으로 받아들인 확립된 진리를

믿는 것보다 낫다. 하지만 이는 멈출 줄 알아야 함을 전제로 한다고 니체는 생각한다. 두 번째 의미에서 보았을 때, 이야기가 과도해지면 삶에 해롭기 때문이다. 우리 철학자는 우리를 '이야기'에 대한 어느 작은 이야기로 초대한다.

진리보다
차라리 여러 이야기

사람들은 너무 여러 버전을 허용하는 이야기를 의심스럽게 바라본다. *진리*에 대해서는 보통 두 담론이 공존하는 것만을 인정할 수 있다. 하지만 여러분은 이제 니체가 역사^{histoire}를 학문으로만 간주하지 않는다는 사실을 안다. 우리의 모든 가치—그중에는 진리가 각별한 위치를 차지한다—가 형성된 —충동의, 직관의, 정서의— 근원으로 거슬러 올라감으로써 니체는 일방적이지 않고 유일하지 않으며, 따라서 절대적이지 않은 진리의 특성을 감지한다. 적어도 '유일한' 진리에 대해서는, 그것이 인간이라는 존재 유형과 그 역사에 대하여 단지 상대적일 뿐이라고 말해야 할 것이다. 사람들은 너무나 자주 역사를 진리에 대한 필요성으로 대체하려 했다. 사람들은 역사가 우리 눈앞에 펼쳐놓아야 할 진리에 혼미해져서 역사를 그 사제로서 이야기하기를 거부한다.

진리를 원하는 사람은 무엇보다 안전을 바란다고 니체는 설명한다. 왜냐하면 그 사람은 인간 존재에 직면하여 두려움을 느끼기 때문이다. 인간 존재는 실제로 불안정하고 다양한 형태를 취하며 거기에 의미를 부여하려는 노력을 기울일 것을 요구하는데, 이는 자기 자신을 인식하고 스스로 질문을 던져야 함을 뜻한다. 니체는 우리가 먼저 진실과 거짓 너머에 인간적으로 자리 잡으라고 권고한다. 이는 답답하게 경직된 진리와의 단절을 의미한다. 이야기들을 만듦으로써 우리는 진리로부터 해방된다. 우리의 이야기가 '유일한' 진리가 아님을 인정하는 것은 그 자체로 구원이다.

도덕들의 역사

진리를 끌어내림으로써 역사는 도덕에도 타격을 입힌다. 도덕의 어떤 역사,[●] 즉 도덕에 관한 (따라서 도덕의 표상들에 관한) 담론의 역사적 퇴적 작용을 면밀히 관찰함으로써 상대적이고 빈약하며 현실을 단순화하는 그 결과물의 가공적인 특성이 드러난다. 즉, 우리의 도덕은 다른 여러 표상 중 하나에 불과하다. "앞으로 나아가라! 우리의 오래된 도덕도 희극의 일부다!"라고

● 혹은 10장에서 보았듯 도덕의 어떤 계보.

니체는 평가한다. 역사는 도덕이 역사적이고 정치적인 관점에서 본 진리, 다시 말해서 어떤 문화 또는 사회 집단 내부에서 우리가 숭배함으로써 과도하게 높이 평가하는 어떤 지배적인 가치의 퇴적 작용을 해석한 것에 불과하다는 사실을 드러낸다. 그 도덕을 기준으로 모든 행동이 좋거나 나쁘다고, 올바르거나 일탈이라고 판단된다.

사람들은 도덕을 과도하게 높이 평가한다. 내재적으로 가치를 지니지 않은 것에 가치를 부여함으로써(이것이 충동의 퇴적 과정이다), 다른 문화 및 사회 집단들이 우리가 매기는 가치와 똑같은 가치를 매사에 부여하도록 요구함으로써(가령 기독교에서 복음 전파 야망이 증언하는 역설) 말이다. 니체는 이야기들을 만들어 우리가 진실과 거짓 너머에 자리 잡고, 우리가 진실, 또는 명백하다고 여기는 것 역시 하나의 어떤 이야기로부터 유래했다는 사실, 즉 우리의 해석에 해당한다는 사실을 깨닫게 한다.

유동적인 존재를 위한 역사

세상에는 여러 도덕이 있고, 그 도덕들은 고정되어 있지 않다. 창조되지 않고 원래부터 존재하는, 하늘에서 한결같이 똑같은 모습으로 영원히 떠다니는 플라톤주의의 이데아들처럼. 반면에 모든 생각의 산물과 마찬가지로 이 도덕들에는 탄생일, 기원이 있으며, 이는 다시금 두 번 이야기될 가치가 있다.

첫 번째 이야기는 그 이야기를 하는 사람이 모르게 이루어진다. 니체가 설명하는 바에 따르면, 가령 영국의 심리학자들이 '선한' 사람에 대하여 말할 때, 이 '선하다'라는 형용사는 그것이 적용된 사람들의 특징이 아니다. 그 심리학자들은 자신이 그 형용사를 그들 자신의 관점에서 대상을 해석함으로써 스스로 생산해 냈다는 사실을 모른다. 그들은 깨닫지 못한 채 그저 존재하던 상태 그대로 만족하던 사람들의 '선함'을 창조해 냈다.

두 번째는 우리 철학자 니체가 전하는 이야기다. 역사 감각이 빼어난 그는 선함이라는 개념의 출현을 식별해 낼 뿐 아니라, 그러한 개념을 만들어내기까지 거쳐 온 필요한 거리를 충분히 감안하면서 역사적 기원의 정황도 추적한다. 니체가 그러한 추적과 탐색을 실시하는 측면—과거에 집중하는 고고학적 측면, 정점을 강조하는 기념비적 측면, 또는 그 무엇도 똑같이 재생산되지 않는다는 사실을 인식하고 불연속성 안에서 연속성을 감지하는 비판적 측면—이 무엇인지는 그다지 중요치 않다. 그는 그 측면이 삶을 위한 것이라는 사실을 결코 잊지 않을 테다.

복수형으로 생각하라!

그 무엇도 결코 일방적이지 않다.

그 무엇도 범주 안에 가두지 말라.

삶의 자세

니체가 제시하는 역사의 서로 다른 측면들은 하나의 공통된 질문에 부딪히
게 된다.

역사는 여러분의 삶에서 무엇을 뜻하는가?
여러분은 역사를 자신이 집착하는 경향이 있는 과거에 대한 하나의 증언으
로 여기는가, 아니면 여러분이 거리를 두고 자신이 세상을 인식하는 방식과
관점을 긍정하도록 도와주는 능력으로 여기는가?
여러분은 과거의 존재와 가치가 자신과 독립되어 있다고 보는가? 혹은 여러
분이 역사를 *만든다*고 생각하는가?
후자의 경우라면, 여러분은 어떤 현상의 복잡성을 더욱 잘 느끼기 위해서,
여러분 자신의 존재 전체에 온전히 접근할 수 있기 위해서 스스로 관점을 다
양하게 바꾸도록 허용하는가?

나만의 독서 루트

여기까지 모든 게 분명한가?

→ 21. 직관을 따를 것

망각과 역사가 맺는 관계에 대해 더 알아보고 싶은가?

→ 20. 필요하다면 망각할 것

개념들을 단단히 다질 필요가 있는가?

→ 10. 도덕의 계보를 탐색할 것

19

피해자의 자리에
머물지 말 것

"피해자의 도덕—'열정적으로 자신을 희생하기',
'자신을 스스로 제물로 바치기'—
바로 이것이 그대들의 도덕이 지닌 진부함이고,
나는 그대들이 말하는 대로 '선의'를 지녔다고 거꾸로 믿는다.
[…] 왜냐하면 그대들은 신이든 인간이든 자신을 헌신하는 강자와
이제 한 몸을 이루게 되었다는 생각에 도취해 희열을 느끼기
때문이다[…].
실제로 그대들은 겉으로만 희생하는 것이며,
상상력이 그대들을 신으로 만든다."

《아침놀》, 215.

피해자에 대한 고찰로써 여러분은 다시금 니체가 실시하는 심리 분석의 섬세함을 확인할 수 있다. 여기에서 문제는 우리가 타인과 맺는, 이따금 갈등을 일으킨다고 체험되는 관계에서 나타나는 심리적 장애다. 피해자임은 일단 자신이 피해자라고 느끼는 상태다. 니체는 그것이 원한을 체험하는 일이라고 설명한다. 이는 어떤 느낌, 아니 그보다는 어떤 태도로서, 내 고통의 책임을 내가 아닌 다른 무엇 또는 누구에게 전가하는 일이다.

개인적인 인상에 대한 사안을 넘어서서 모든 '피해자'가 직면하는 문제는 그 사람이 온전히 피해자가 되는 기제다. 피해자는 자신이 지닌 표상들을 내면화하는 사람이다. 복수하려는 생각에 이끌려 행동하든, 자신이 학대받는 일을 허용하든 이러한 사실은 결론적으로 전혀 상황을 바꾸지 못한다. 그 사람은 자신만의 세계에 틀어박혀 서서히 잠든다. 피해자는 차츰 행동하기를 거부한다. 그 사람이 보기에 외면화는 불가능해 보인다.

길을 헤쳐나가기 위해서 자기 자신을 강하게 긍정하는 대신, 피해자는 자기 안에 갇혀서 상상의 삶을 선호한다. 그 삶에서 그는 자신이 처한 조건을 전혀 바꾸지 않으면서 그 조건을 만들고 또 만들며 궁리한다. 점점 더 좁아지는 감옥 안에서 자기 자신을 마비시킨다. 감시자가 필요 없다. 그 벽 안에서 피해자는 스스로 자신을 학대하는 존재가 되어 하루하루 무력감을 키워간다. 니체는 여기에서 계속 유지되며 점점 심해지는 질병을 본다. 쇠락해 가는 인물로서 피해자가 향하는 유일한 길은 자신을 몰락으로 이끄는 길이다. 피해자는 학대받는 존재로 변모하여 그 상태를 계속 유지한다. 원한의 제물이 된 사람은 자기 내부에 있는 죄인을 몰아내려는 듯 은밀히 자기 살에 생채기를 내면서 자기가 느끼는 고통의 기억을 마음속에 고스란히 간직한다. 그는 그 고통의 기억을 소화해 낼 능력이 없고, 그것을 바탕으로 유용하거나 긍정적인 일은 전혀 할 수 없으며, 그것을 승화시키지도 못한다.

이러한 주장은 언뜻 잔인하게 느껴질 수 있다. 사람들은 니체가 학대자의 물질성, 또는 단순히 학대자의 책임 같이 피해자를 짓누르는 현실적인 제약에 무심하다고 비난할 수도 있다. 니체가 피해자에게 과도한 죄의식을 지우는 것은 아닌가?

그러나 니체는 결코 자신과 상관 없는 가련한 사람들의 역경을 상아탑 꼭대기나 사치스러운 자기 집에서 내려다보는 게 아니다. 그는 이런 일이 쉽다고 생각하지 않는다. 니체가 진정으로 그런 거만함을 지녔다고 의심할 수 있을까? 평생의 대부분을 신체적, 심리적인 엄청난 고통에 직면해야 했던 그가? 니체는 단지 자신이 피해자라고 생각하는 사람에게는 가망이 없다고 간주할 뿐이다.

다행히도 희망의 빛이 멀리서 반짝인다. 피해자가 될 가능성, 부상을 입어서 행동할 수 없는 상태가 될 가능성은 또한 이 세상에서 모든 행동의 기초를 이루기 때문이다. 그렇다. 세상에는 일정한 비율의 어려움이 할당되어 있어서, 그 어떤 것도 결코 완벽하게, 절대적으로 쉽지 않다. 바로 그러한 태도에서 벗어나기가 어렵기 때문에 니체가 우리를 도우러 오는 것이다. 피해자는 잠재력을 지닌다. 단, 자신이 느끼는 원한의 방향을 바꿀 수 있다는 조건에서 말이다.

자신을 피해자로 만드는 상황을 극복하려면 자기 자신에게 거짓말을 하지 않고 무엇보다 학대자를 있는 그대로 보아야 한다. 즉, 타인을 오로지 학대자로만 바라보지 않아야 한다. 피해자로서 이는 학대자가 무엇보다 *나의* 학대자, 즉 내가 *나에게*

있다고 간주하는 선함에 대하여 나 자신이 실시한 하나의 해석이다. 나 자신이 피해자라고 느끼는 것은 나의 상황을 현실적이고 실제적으로 평가해 볼 기회다.

우리 도덕의 계보를 정립함으로써 우리가 도덕으로부터 해방되고 도덕이 지닌 역효과를 더 잘 파악할 수 있듯이, 악의 계보, 특히 나의 악의 계보를 작성함으로써 반대로 악의 현실을, 다시 말해 그 층의 구조를, 악이 퇴적된 믿을 수 없을 만큼 풍부한 층들을 재현할 수 있다. 스피노자 같은 철학자라면 학대하는 사람(학대를 당했다가 학대를 가하는 사람이 된 전형적인 인물)을 짓누르는 조건의 총체를 깨닫는 것이 원한에서 해방되는 데 상당히 도움이 된다고 말할 것이다.

니체는 잘못을 저지른 사람이나 학대자의 죄책감을 드러내는 이유들을 알아내어 거기에 우리의 고통을 덜어내는 것으로는 충분치 않다고 본다. 니체가 보기에 가장 중요한 것은 우리 자신의 자유에 대한 느낌을 되살리고, 아무리 미미하더라도 우리가 행동할 여지를 되찾는 일이다. 이는 우리가 사방의 벽을 조금 밀어내고 개인적인 환경을 마련하기 위해서 우리가 지닌 수단이다. 개인적인 환경 속에서는 피해자조차 지배자로 군림한다.

도움을 원하는 사람들을 그들의 미래가 싹트는 시작점인 활동의 맥락으로 되돌려 놓는 치료사들은 아마도 니체에게 은연중에 빚을 지고 있는지 모른다. 자신이 죽음을 면할 수 없다는 사실을 아는 사람들은 자신의 상황이 매우 힘겹더라도(심한 질병 또는 불치병), 그들의 종말이라는 허구적인 지점으로부터가 아니라 아직 오지 않은 (그리고 상상할 수 없는) 상황이 벌어질 매우 현실적인 기준점으로부터 자신의 삶을 인지한다. 이러한 변화는 단순히 관점의 반전으로 보이지만, 사실상 삶이 지닌 풍미를 완전히 바꾼다. 삶은 더 이상 어떤 반응reaction이 아니라 다시금 행동action이 된다. (이미 자신의 상상 속에서 죽은) 어쩔 수 없이 감내하는 병자나 단순한 피해자가 아니라, (실제로 살과 뼈를 지니고 살아 있으며) 행동하는 생명체가 되는 것이다. 이 점에서 니체는 우리가 살아가는 법, 그리고 삶의 주인으로 남는 법을 가르쳐준다. 우리 최후의 순간까지.

당신을 학대한 가해자에게
그토록 큰 가치를
부여하지 마라.

삶의 자세

니체가 피해자가 되는 과정victimisation에 대하여 실시하는 분석은 이중적이며, 그래서 독창적이다. 그 분석은 우리가 일단 타인을 두려워하지 말도록 권고하며, 뒤이어 우리 자신도 두려워하지 말라고 한다. 다른 사람들 속에서 나 자신을 잃지 말고, 자신이라는 경계 안에 숨지도 말 것.

다음과 같은 역설을 인식하자. 학대하는 사람에 대한 두려움은 우리가 전능하다는 상상을 확신하게 만든다. 즉 실제로 존재하는 강점과 약점을 지닌 현실적인 우리의 모습을 두려워하게 되는 것이다.

이 두 가지 두려움은 어떤 사람이 자신이 누리는 행복을 자책하며 스스로 고문할 때 보이는 것과 똑같은 어려움과 병리 현상을 나타내는 지표다.

당신은 자신이 다른 사람들의 피해자라고 보는가, 아니면 자기 자신의 피해자라고 보는가?

당신이 지금 실시하는 평가가 당장은 고통스럽더라도 여러분에게 자유의 일부를 되돌려준다고 느끼는가?

당신이 사용할 수 있는 자유를 가능한 한 정확하게 파악하도록 시도하라. 기운 내라. 당신은 행동할 능력이 있다!

나만의 독서 루트

우리가 처한 상황과 거리를 두는 방법을 알고 싶은가?

→ 31. 정신과 육체를 분리해 생각하지 말 것

어떻게 하면 피해자이기를 거부할 수 있는지 궁금한가?

→ 26. 진짜 귀족이 될 것

20
─────────────

필요하다면
망각할 것

"과거를 전부 잊어버리고 순간의 문턱에서 쉴 줄 모르는 자는
[…] 행복이 무엇인지 결코 알지 못할 것이며,
더 나쁜 건 그 사람이 다른 사람들을 행복하게 만들 일은
결코 아무것도 하지 않을 거라는 사실이다.
[…] 모든 행동에는 망각이 요구된다.
모든 유기체가 빛뿐 아니라 어둠도 필요로 하는 것처럼."

《반시대적 고찰》, 2장 '삶에 대한 역사의 유익함과 단점', 1.

망각은 심지어 행복의 조건이다!

호라티우스는 *카르페디엠*이라고 했다. 그 시인은 미래를 지나치게 걱정하지 말고 현재 주어진 날에 주의를 기울이는 미덕을 찬양하지 않았던가? 니체는 이야기가 거기에서 끝나지 않는다고 한다. 그는 그 격언에 함축된 중요한 측면, 즉 미래에 대한 걱정보다 과거의 무게가 결정적이라는 점을 강조한다. 현재에 머무는 자는 *살아가는* 반면, 과거에 머무는 자는 생각하고 또 생각한다. 사람은 과거를 되새김질하면 행복해질 수 없다. 과거 전체를 보존하느라 살아갈 수조차 없을 것이다.

니체는 우리가 시간 속에 기입됨으로써 우리 존재가 고유한 색조를 띠게 되는 방식을 분석했다. 그는 역사학을 다룬 자신의 글 《반시대적 고찰》 2장의 첫머리를 행복을 위하여 망각의 미덕을 찬양하는 것으로 시작한다. 당신은 산책하다가 저 멀리에서 풀을 뜯는 소 떼를 바라본다. 우리 저자는 그 장면에 대하여 강렬한 인상을 남기는 다음과 같은 역설을 기술한다.

당신은 자신이 짐승이 아니라는 사실에 흡족해하며 자신이 인간으로서 지닌 우월함을, 아니면 적어도 자신이 처한 조건이 제공하는 특전을 확실히 깨닫는다. 당신은 존재의 말뚝에 매인 짐승과 달리 자유롭게 걸으며 자신이 원하는 곳으로 갈 것이다. 하지만 마음속 깊이 당신은 짐승의 무언가를 부러워하고 있다고 니체는 의심한다. 소 떼에 속한 개체들은 스스로 깨닫지는 못해도 행복해 보인다.

짐승이 자기가 처한 조건 때문에 고통받는다 해도, 당신은 짐승의 고통이 시간을 의식하는 연속성에 기입되지 않으며, 지속성을 띠지 않는다는 사실을 깨닫는다. 짐승에게 현재 상황은 바로 다음 순간에 자취를 감춘다. 매 순간 세상에 대한 새로운 인식이 생겨난다. 니체가 보기에 짐승과 인간의 핵심적인 차이점은, 단순히 짐승이 의식을 지니지 않았다는 것이 아니다. 짐승에게 근본적으로 없는 것은 바로 지속되는 시간에 대한 인식이다. 짐승은 매 순간을 살아가기에 시간의 무게에 짓눌리지 않

는 특권을 누리고, 바로 이 때문에 당신처럼 불행에 예속되지 않는다. 더욱이 짐승은 자기도 모르게 불행을 잊어버리는 반면, 당신은 몸에 밸 정도로 오랫동안 자리 잡은 기억에서 벗어나려고 안간힘을 써야 한다. 가끔은 그렇게 해도 완전히 잊어버리기란 불가능하다.

당신은 오로지 나쁜 기억만 자신을 짓누른다고 생각하지만, 니체에 따르면 결국은 과거 전체가 당신이 살아가는 것을 방해한다. 좋은 기억조차 너무 많이 쌓이면 거치적거리는 짐 더미가 된다. 그 기억들은 벽을 이루어 당신 앞에 있는 새로운 것, 즉 당신이 지금껏 체험한 것들과 다른 무언가를 보지 못하게 방해한다. 당신이 느낀 행복의 과거 이미지에 집착하면, 당신은 행복의 현재 모습을 알아볼 수 없다. 잊어야 한다. 비록 사방에서 우리더러 기억하라고 부추기더라도.

사람들은 종종 기억함으로써 과거의 잘못을 되풀이하지 않을 거라고 말한다. 여러분은 정말 그렇게 생각하는가? 과거는 결코 정확히 똑같은 방식으로 되풀이되지 않는다. 여러분의 의식도 끊임없이 변화한다. 당신이 느낀 유년기의 행복은 더 이상 오늘 당신의 행복일 수 없다. 당신에게는 *잊어버려야만* 하는 것들이 있다.

잊어버리는 것은 게으름이 아니라, 자기 안에 빈자리를 만들기 위한 적극적인 노력이다. 수동적으로 받아들인 것, 우리 안에 우리도 모르게 각인되었고 가끔은 영영 표식을 남긴 것을 배출하여 내보내는 일은 곧 자유를 위하여 행동하는 것이다. 잊어버리기, 그것은 의식의 문을 잠시 닫고, 관객으로서 우리 내면의 극장을 감상하는 시간을 갖는 일이다. 이것이야말로 너무도 오래되어서 있는지도 몰랐던 보이지 않는 끈의 조종을 받아 자신도 모르게 연기를 하지 않기 위한 조건이다.

잊어버리는 것은 우리를 관객이기보다는 과거를 연출하는 사람으로 만들어 현재의 주역이 되도록 한다. 과거에 대하여 거리를 둘 수 있게 되면 우리는 과거를 무의식적인 방식으로 붙잡아두는 게 불가능하다는 사실을 깨닫는다. 과거는 결코 전부 붙들어둘 수 없고, 단지 우리가 가치를 부여해 선택한 요소들만 간직할 수 있다.

과거는 단지 과거에 불과하지 않다. 과거는 나의 해석이다. 다시 말해서 지금의 나라는 개인을 구성하는 데 개입된 사실 전체다. 잊어버리는 법을 배우면서 당신은 역설적으로 과거의 당신이라는 사람을 떠난다. 그리고 당신이 아직 되지 않은 사람에게 자신을 엶으로써 자기 자신이 되는 법을 배운다. 당신은 자기 자신이 되기를 결코 포기하지 않으면서, 자신이 고유하다는 의식과 자유를 강화한다.

끝으로, 바로 이 때문에 전부 잊어버리는 일은 바람직하지 않다. 니체는 망각함으로써 얻은 태평한 행복을 일방적으로 찬미하고, 자유의 무겁고 심각한 책임을 완전히 벗어 던져야 한다고 순진하게 주장하지 않는다. 이는 결국 정도의 문제다. 자신의 과거에 *지나치게* 집중해 웅크려 있는 사람은 미래에 관심을 둘 수 없다. 그 사람은 오래된 전화기의 메모리가 포화 상태에 이른 것처럼 과거로 포화되어 더 이상 새로운 것은 전혀 받아들이지 못한다. 그렇다. 망각할 줄 아는 일, 그건 바로 개인으로서 자기 자신을 망각하지 않기 위해서다. 포기하기? 그렇다. 하지만 당신이 아닌 것만 포기하고, 당신을 개인적으로 정의 내리는 것의 언저리는 전혀 포기하지 않는다. 행복해지고, 살아가고, 당신의 유일성을 (흐릿하게 만들기보다는) 또렷이 구별하기 위해서 잊어버려라. 이것이 바로 니체가 여러분에게 권장하는 바다. 그러면 당신은 자신의 이야기와 삶을 위해 망각을 사용하게 될 것이다.

현재를 살아가라.
과거 전체를 곱씹지 말라!

삶의 자세

당신이 지금껏 망각을 단지 결함이나 게으름, 무사안일의 한 형태로 여겨왔다면, 이러한 니체의 관점이 흥미로울 것이다. 니체에게 망각은 자신이 살아가기 위한 노력, 즉 새로움에 자신을 드러내기 위한 노력이다. 과거를 잊음으로써 당신이 이제껏 전혀 보지 못한 것을 식별할 수 있게 된다.

변치 않는 것들이 있다고 믿으면 안심이 되는가? 자기의식의 특징을 느끼기를 거부하는 사람만이 그러한 환상에 빠진다. 그런 사람은 진실성이 결여되었거나 불성실의 한 형태를 보인다고 의심해 볼 수 있다.

당신은 잊어버릴 줄은 알지만, 그것을 언제나 이타주의나 용서, 다른 누군가에게 베푸는 배려로 간주해 왔는가? 니체는 당신에게 생각하게 한다. 사람이 진정으로 망각하는 것은 다른 누군가를 위해서가 결코 아니라 자기 자신을 위해서다. 망각은 당신의 삶을 위한 것이다.

나만의 독서 루트

당신은 망각의 미덕을 인정하며, 망각에 의지해 떨쳐내고 싶은 습관이 있는가?

→ 5. 습관을 경계할 것

21
———————

직관을
따를 것

"천재성은 직관에 있으며, 선함도 마찬가지다.
사람은 직관적으로 행동할 때만 완벽하게 행동한다.
도덕적인 관점에서도 그러해서,
의식적으로 이루어지는 모든 생각은
단순한 시도에 불과하며, 대체로 도덕과 상반된다."

《유고》, XIV, 15, 25.

니체가 말한 자유로운 정신이란 무엇인가? 다른 사람들을 믿지 않고 자기 자신을 믿는다는 뜻이다. 니체는 자신을 긍정하는 힘을 지녔다. 그는 그 힘을 자기 내부에서만 찾지 않고, 자신의 직관을 세심하게 묘사함으로써 끌어냈다. 니체가 보기에 직관은 단순히 비이성적인 내면성과 관련된 것이 아니다. 따라서 직관적 삶을 이해한다는 것은 곧 자기 성격 안에 은밀한 지대가 존재함을 인식하면서 자기 자신에게 다가서기를 원하는 모든 사람에게 소중한 힘을 제공하는 일이다.

'직관적' 또는 '감정적', '열정적' 또는 '충동적'. 이 수식어들은 니체의 사상에서 서로 긴밀한 관계를 맺는다. 니체는 정신 구조와 직접 맞닿아 있으며, 정서적 삶뿐 아니라 인식과 판단, 우리를 에워싼 모든 것에 우리가 부여하는 가치를 결정하는 매우 강렬하고 자연스러운 힘으로서의 감정을 본다. 정서(이성과 달리 감각적인 요소)와 충동(우리 본성 안에 고정된 것이 띠는 경직된 표상과 다른 역동적인 요소)은 정신적 삶의 토대다.

니체가 말하는 직관은 어떤 하나의 (불안정하고 역동적인) *과정*, 문자 그대로 충동들이 자라나며 서로를 압박하는 들끓음의 장소다. 이는 의식적인 삶의 *무의식적인* 장소, 또는 그보다 더 심층적인 것이다. 직관에 생명을 불어넣는 충동은 우리를 결정하는 기초적인 요소일 뿐 아니라, 성격이 뿌리를 내리고 가지를 치는 사고와 판단, 가치가 이루는 어떤 *체계*다. 직관은 우리의 의식적인 삶의 뿌리가 이루는 조직망에 비유할 수 있다. 우리가 세상에 대하여 내리는 모든 해석이 거기에 기초하지만, 그 토대는 이미 선들이 이루는 조직망으로 펼쳐져 있으며, 그 가운데 어떤 선은 다른 선보다 더 선명히 드러난다. 헤겔은 "이 세상에서 위대한 그 어떤 것도 결코 열정 없이 이루어지지 않았다"라고 생각했다. 니체는 거기서 한발 더 나아간다. 그는 그보다 더 멀리, 더 깊이 본다.

우리의 정서적 삶은 격렬히 들끓는다. 상반되거나 모순되는 힘들에 의하여 활발히 움직인다. 이 사실을 인식할 때, 우리는 우리도 모르는 사이에 이미 여러 전투를 거친 정신적 삶의 한 상태에 접근할 수 있다. 우리에게 드러나는 주요 정서들은 *이미*

승리한 정서다. 우리는 의식 밑에서 벌어지는 다른 과정들보다 더 높이 올라서는 데 성공한 충동들을 인식한다. 이러한 맥락에서 니체는 충동들이 이루는 그러한 서열, 훗날 표현될 우리 성격을 형성하는 그 지배적인 충동들을 기술하기 위하여 '사령부 정서'라는 말을 쓴다.

프로이트라면 꿈에서 드러나는(표면적인) 내용과 잠재하는 생각(심층적이지만 은폐된 진정한 의미)을 강조하여 대비함으로써 정신적인 삶의 무의식적인 측면이 결코 중립적이지 않다는 사실을 강조할 것이다. 하지만 충동이 해석 과정의 기초를 이룬다면, 충동의 지위와 그 기제는 매우 다른 방식으로 기술된다. 프로이트가 의식적인 삶과 무의식적인 삶 사이의 간극에 관심을 두는 반면, 니체는 그보다는 그 두 삶의 연속성, 층의 구조에 관심을 둔다. 그리고 이로써 우리가 지닌 표상들(특히 의미와 가치)이 퇴적된 층들을 지각할 수 있게 하는 탐색 작업이 이루어진다. 이 탐색 작업은 가히 고고학적이라 할 만하다.

프로이트는 억압에 대하여 설명할 때, 우리가 겪는 일상적인 신경증이 충동적인 삶과 의식이 처한 현실(물질적 제약, 사회적 요구) 사이의 갈등에서 야기된다고 할 것이다. 니체는 우리가 모두 병들었다고 간주한다. 하지만 그것은 '나쁜' 것이 아니다. 이는 단지 우리가 의식의 토대를 형성하려는 열렬한 노력을 기울일 수밖에 없으며, 본래 감정적인 존재라 그 어떤 문화도 이러한 특성을 우리에게서 떼어낼 수 없음을 뜻한다.

우리의 가치들과 동시에 무의식도 합리화하는 프로이트와 반대로, 충동적인 삶의 굴곡에 맞추어 우리 가치들을 본래의 자리에 되돌려 놓는 니체의 무의식에는 본성에 어긋나는 것이 하나도 없다. 그리고 이로써 상황은 엄청나게 달라진다.

비록 더없이 흑백론적인 이원 체계(선과 악, 진실과 거짓 등) 사이에서 분열된 논리에 저항하기는 하지만 직관에는 삶 자체에 해당하는 것, 즉 인간 존재에 적합하거나 적합하지 않은 것에 해당하는 소중한 무언가가 있다. 따라서 그 무언가는 필연적으로 '선하다'. 아니 그것은 선하다기보다는 우리가 사용하는 단어와 우리가 따르는 도덕에 침전된 모든 해석과 동떨어져 있다. 그러므로 직관적 삶은 그 삶이 논리적, 상대적으로 이후의 해석들에서 탄생할 모든 거대한 환상들(즉, 우리가 끈기 있게 익숙해져서 우리의 일부로 통합하기에 이른 표상들) 이전에 존재한다는 의미에서 선하다.

니체의 사상과 스피노자의 사상은 서로 크게 다르지만 이 주제에 대해서는 놀라운 유사성을 보인다. 스피노자도 우리의 정서적 삶을 매우 풍부한 어휘를 사용해서 묘사한다. 그의 주요 생각은 우리가 어떤 것의 가치를 항상 사후에 판단한다는 것이다.[●] 달리 말하면, 우리는 이미 이끌린 대상만 좋아한다. 우리가 부여하는 가치는 완벽하게 자유로운 사고에서 나오지 않으며, 결코 중립적이지 않다. 우리는 우리 안에 동화한 어떤 과정을 인식할 뿐이다. 따라서 진실이 객관적이라는 믿음은 환상이다. '인식하기'는 우리의 수동성을 전복하기 위해 선결되어야 할 조건이다. 정서와 다시 관계 맺음으로써 우리는 스스로 동기를 부여하고, 창조적으로 발전하게 하는 이유에 다가간다.

의지가 다양한 정서로 이루어진 복합적인 현상이라는 사실을 강조함으로써 니체는 자유를 곧이곧대로 순진하게 형상화하는 생각과 동떨어진 계보를 따른다. 변화무쌍한 삶의 층을 인식하지 못하는 우리는 '의지'라는 용어를 사용함으로써 훨씬 더 복잡한 무언가를 단순화한다. 직관은 우리 저자가 보기에 매우 특별한 의미에서 개인적인 성격의 표현이다. 어쩌면 우리는 그 기원이 아닌 무언가, 즉 우리가 전적으로 책임지지 않는 것을 '자유'라고 부르는지도 모른다.

● "그러므로 우리가 어떤 것을 하려고 노력하지 않는다는 사실, 우리가 어떤 것을 원치 않으며, 그것이 좋다고 판단하기 때문에 더 이상 그것에 대한 욕구도, 욕망도 지니지 않는다는 사실은 [⋯] 항구 불변하다. 하지만 반대로 우리가 어떤 것을 향하여 노력하기 때문에 그것이 좋다고 판단한다는 사실, 우리가 그것을 원하고, 그에 대한 욕구와 욕망을 지닌다는 사실도 항구 불변하다", 《에티카》, 3부, 명제 정리9의 주석.

직관은
이성과 대치하지 않는다.
직관은 우리를 해방한다!

삶의 자세

니체는 우리가 무의식이라는 측면에서 당연하다고 여겨온 것을 다시 생각하게 한다. 무의식은 타고난 특질이 아님을 명심하자. 무의식은 우리와 동시에 형성되었다. 무의식은 적극적으로 우리의 일부를 이룬다. 왜냐하면 우리는 마음속에 지배적인 존재로서 기입된 충동의 명령을 받아 행동하기 때문이다.

직관이 확고할 때 우리는 확고해진다. 직관은 파악할 수 있으며, 자기 자신과 거리를 둘 수 있는 모든 사람에게 드러난다. 직관은 결코 자기 내부로 위축되는 형태를 취하지 않으며, 전적으로 개인적인 것도 아니다. 직관적인 삶은 모든 평가의 아래에 위치하므로, '선'과 '악'이 아직 그 자체로 존재하지 않으며 우리도 개인으로서 존재하지 않는 곳을 가리킨다. 우리는 개인으로서 겪는 모든 모험의 출발점에 있을 뿐이다. 이 사실을 이해함으로써 사람은 자기 삶, 그리고 각 개인이 자라나고 확고해지는 공동의 토양과 화해하기를 기대할 수 있다.

나만의 독서 루트

해방으로 향하는 모든 길을 검토해 보고 싶은가?

→ 13. 자유로운 정신이 될 것

사회가 당신이 해방되는 것을 제약한다는 생각이 드는가?

→ 22. 남에게 휩쓸리지 말 것

NIE TZS CHE

PART **3**

무리에서
벗어나
홀로서기

22

남에게
휩쓸리지 말 것

"모든 병자, 모든 병약한 사람은 어렴풋한 불편함과
자신이 약하다는 느낌을 떨쳐내려는 욕망에 떠밀려
본능적으로 무리를 이루기를 갈망한다. […]
무리가 있는 곳 어디에서든 그 무리들을 원한 것은
약함의 본능이다. […]
착각해서는 안 된다.
강자는 서로 분리되기를 원하고,
약자는 서로 뭉치기를 원한다."

《도덕의 계보》, 제3논문, 18.

니체가 무리 정신을 비판한 최초의 철학자는 아니다. 고대 스토아학파 철학자 세네카는 이렇게 경고했다. "우리가 가야 하는 곳으로 가지 않고 앞서가는 무리를 양 떼처럼 따라가지 않도록 특히 조심해야 한다." 군집 본능은 이따금 대중 속에 녹아들게 해주지만, 또한 우리의 자유와 개체성을 긍정하기를 거부하기도 한다.

니체가 내리는 이 사회적 병리 현상에 대한 진단은 섬세하다. 그는 무리 정신이 하나의 작용, 바로 고립에 대한 두려움에 대응한다는 사실을 안다. 《즐거운 학문》(제1부, 50)의 한 구절에서 그는 그러한 성향의 두 가지 측면을 식별한다. 즉, 도덕적 상대주의(무리 정신은 가장 훌륭한 가치들을 전달한다고 자처하지는 않으면서 여러 견해 중 *나의* 사회가 지닌 견해들을 표출한다)는 고립에 대한 두려움과 어깨를 나란히 한다. 무리 정신은 비판적인 판단력이 결여되어서 생기는가, 아니면 차이를 인정하지 않는 두려움에서 생기는가? 두 번째 가설에 대한 분석은 ―정당한 대의들을 포함해서(하지만 이는 각자의 판단에 맡겨 두자)― 거대한 대의들이 여전히 소수에 의해 지탱되는 듯 보이고, 대다수의 증오나 원한을 유발하는 시대에 더없이 들어맞아 보일 수 있다. 여성이나 외국인, 지구나 동물의 미래에 관한 보도가 나오기만 하면 격렬한 반응이 쏟아지는 상황을 보라.

니체라면 다음과 같이 물었을 것이다. 이 세상에는 여성 해방을 옹호하는 사람보다 반대하는 사람이, 이민자 포용 정책보다 적대적인 정책이, 남을 탓하지 않는 채식주의자보다 반反채식주의자가, 대안적인 경제 모델을 옹호하는 사람보다 생명 존중과 양립할 수 없는 경제 체제 옹호자가 더 많다고 단언하는 일, 한마디로 사회의 '도덕적인' 완성을 이루려는 사람보다 그 반대자가 더 많다고 보는 관찰이 과연 냉소적일까?

너무 흥분하지는 말자. 니체가 내린 진단의 힘은 다른 가치들을 공격하기 위해 어떤 가치에 의존하는 데 있지 않고 인간의 본성, 특히 그 심리적 본성을 면밀하게 기술하여 내려진 진단이라는 데에 있다. 고립에 대한 두려움, 즉 사회적인 소외가 얼마나 중요한지 질문으로써, 니체는 규범에 대한 염려로부터 우리의 담론을 해방하고("저것보다는 이것을 해라. 왜냐하면 그게 더 나으니까…"), 그 두려움이 수행하는 보호막의 역할을 인식함으로써 우리에게 스스로 행동할 수 있는 능력 내지는 의지를 준다. 예를 들어 '우리' 길거리에 노숙자가 수만 명 존재한다는 사실을 어떻게 해명할 것인가? 현재 사회학자들은 그 책임이 소외된 사람들이 아닌 그들을 배제하는 사회에 있다고 인정하는 솔직함을 보인다. 대체 어찌 된 노릇이기에 세계에서 가장 부유한 나라들에서 집이 없는 모든 사람에게 거처를 마련해 주지 못하는 것인가?

소외를 배제와 결합해 최악의 이미지를 부여함으로써 무리는 자신이 정당하다고 주장하려 한다. 노숙자를 배제하는 것은 어쩌면 우리가 아닌지 니체는 묻는다. 환상에 빠진 채 계속 나아가기 위해 필요한 사회적 유대감을 생산해 내는 우리에게 말이다.

"무리가 있는 곳 어디에서나 그 무리들을 원한 것은 약함의 본능이다."

다른 사람들을 따라하지 말라!
홀로 되기를 두려워하지 말고 과감히 다수에 맞서라.

삶의 자세

여러분은 올바른 길이 무엇이라고 생각하는가?
그리고 여러분이 다른 사람들과 맺는 관계를 어떻게 생각하는가?
그 길이 자신의 길이라서 거기에서 벗어나지 않으려고 하는가, 아니면 반대로 다른 사람들이 말하고 생각하는 것을 따라서 믿으며 그들과 똑같은 길을 따르려고 하는가?

이 질문에 답함으로써 여러분은 개인적인 신념의 무게와 끈질김이 여러분의 삶에서 담당하는 역할을 가늠해 볼 수 있다. 니체는 안심시키려 한다. 자신을 긍정하기 위해서 다른 사람과 맞서야 하는 일이 생긴다 해도, 당신은 사람들이 세뇌하는 것처럼 소외되거나 머리가 돈 사람은 아닐 거라고.

당신은 단지 당신의 존재를 긍정하려는 의지를 지녔을 뿐이다. 당신은 무리가 압박을 가한다 해도 계속 거리를 둘 힘을 낼 수 있겠는가?

나만의 독서 루트

무리 정신을 이해하기 위해서 종교가 가하는 압박과 맺는 연관성을 살펴보아야 한다고 생각하는가?

→ 23. 신의 존재를 의심할 것

'진실'의 무게가 만만치 않다고 생각하는가?

→ 16. 설명하지 말고 해석할 것

이제 무리를 벗어나 반짝일 수 있겠다는 느낌이 드는가?

→ 26. 진짜 귀족이 될 것

23

신의 존재를
의심할 것

"문헌학자이자 의사면서
동시에 안티크리스트가 아닐 수는 없다.
문헌학자처럼 '성스러운 책들'의 이면을
바라보고,
의사처럼 그리스도인의 생리학적 노쇠의 이면을
살펴보기 때문이다.
의사는 '치료 불능'이라고 말하고,
문헌학자는 '협잡'이라고 말한다."

《안티크리스트》, 47절.

니체는 진단을 내리면서
더 멀리 나아간다. 그는 "무리가 있는 곳 어디에서나 그 무리들
을 원한 것은 약함의 본능이다"라고 지적하면서 곧바로 다음과
같이 이어간다. "무리들을 조직한 것은 바로 사제의 술책이다."
여러분은 무리 본능만으로는 사회에서 우리가 보이는 행동을
설명할 수 없다는 사실을 이해했을 것이다. 우리의 충동들은 이
미 어떤 체계, 사육의 결과물이다. 주인 없는 양 떼는 없다. 만
일 사회적이지만 야생적인 동물로 우리를 표현하려면 몰려다니
는 짐승 떼를 연상해야 할 것이다. 니체는 맨 앞줄에 선 짐승 떼
의 우두머리 가운데 사제가 있다고 말한다.

니체가 독단적인 반교권주의자일 거라는 생각은 제쳐놓고
너그러운 시각으로 이 문제를 바라보길 바란다. 니체는 그러한
통념과는 정반대로 아주 어렸을 때부터 종교적인 분위기에 둘

러싸여 자랐다(이 점에서 스피노자와 똑같다*). 사람들이 가끔 잊어버리는 경향이 있으나, 철학자는 사고하기에 앞서 살아가고 성장한 존재였고 항상 그러한 존재다. 철학자의 유년기를 완전히 간과해서는 안 된다. 니체는 신심이 매우 강한 루터파 집안 출신이다. 그는 신을 생각했을 뿐 아니라, 자신이 신과 맺는 관계를 느꼈다.

니체가 보이는 종교에 대한 불손**은 순진하거나 독단론적인 태도와 거리가 멀며, 문헌학적이고 의학적인 이중의 진단에 근거한다. 그 진단은 우리로 하여금 우리 저자가 전개한 비판의 요소들을 서로 결합하게 해준다. 그리스도가 니체가 가한 비판의 이상적 표적인 이유는, 그 인물이 '정신'과 '육체'를 결합하기 때문이며, (문헌학자가 연구하는) 텍스트에서 (의사가 관심을 갖는) 인간의 (치유 불가능한) 질병이 묘사되기 때문이다.

---

* 사람들은 스피노자의 종교적 불경이나 신(또는 자연)에 대한 합리주의적 접근법이 단순한 지적 추론에서 유래하지 않았다는 사실을 잊곤 한다. 스피노자는 유년기 내내, 그리고 일부 생애를 유대교 환경에서 살았다. 유대교를 하렘이라고 지칭하여 유대교 공동체에서 완전히 제명당한 그는 유대교를 믿는 것뿐 아니라, 지인이나 친인척과 글이나 말로써 사회관계를 맺는 것도 금지당했다. 추방 문서에는 그가 저주받았고 그의 "이름이 이 세상에서 영영 지워졌다"고 명시되어 있다. 니체와 스피노자는 각기 자신의 생애 대부분에 걸쳐 내밀하게 잘 알던 두 종교를 비판했다.

** 《안티크리스트》, 47절 참조.

니체가 보기에 그리스도교는 글자 그대로 죽음에 대한 숭배
다. 그는 겉모습 이면에 감추어진 악습, 눈을 제대로 뜨고자 하
는 사람이면 누구든 똑똑히 볼 수 있는 살생을 즐기는 어조를
감추느라 애쓰는 신앙을 규탄한다. 바로 이런 맥락에서 니체는
그리스도 교인들이 대중 공연의 잔혹한 즐거움을 즐기지 못하
게 만류한 어느 승승장구하는 교회의 교부, 테르툴리아누스의
말을 다음과 같이 전한다: "그가 이렇게 말하는 것은 대체 무슨
까닭인가? '신앙은 우리에게 더 큰 즐거움과 더 강렬한 선을 선
사한다. 회개는 우리가 완전히 다른 즐거움을 누리게끔 한다.
우리에게는 운동선수 대신에 순교자들이 있다. 우리가 피를 원
한다면, 좋다, 우리에게는 그리스도의 피가 있다. 그리스도가
되돌아오는 날, 그리스도가 승리하는 날 우리가 누리지 못할 것
이 무엇이겠는가!'"

그리스도교가 전하는 가치가, 그리스도교가 스스로 드높이
기 위해 맞서 싸우는 가치들과 얼마나 똑같은지 보라고 니체는
말한다. 반전은 겉모습, 눈속임 공연에 불과하다. 마케팅과 광
고 문구만 서로 다를 뿐, 파는 상품은 똑같다. 니체는 자기가 기
독교인이기에 자신이 사랑보다는 증오로부터 탄생했다는 비극
적인 느낌을 받는다:

"'영원한 사랑이 나 역시 창조했다' —어쨌거나 그리스도교

하늘나라의 문과 그 '영원한 지복' 위에는 다음과 같은 문구를 새겨 넣는 것이 더욱 적절할 테다. '영원한 증오가 나 역시 창조했다'— 거짓으로 이끄는 문 위에 진실을 적어 넣는 일이 정당하다고 가정한다면 말이다!"

《도덕의 계보》에는 종교가 펼쳐 보이는 광경에 대한 다른 끔찍한 묘사도 담겨 있다. 특히 그 무대 뒤에 접근할 때의 광경은 참으로 놀라워서 주술에라도 걸린 듯하다. 니체는 그 악랄한 책을 이루는 논문 세 편 중 첫 번째 논문의 인정사정없는 14절에서 우리에게 가치 제조공장의 무대 뒤로 들어가 보라고 한다:

"이 지구상의 이상들을 제조하는 비밀을 알기 위해서 저 밑바닥을 살짝 들여다보고 싶은 사람이 있는가? 누가 그럴 만한 용기가 있는가? 좋다! 여기에서 저 어두침침한 작업장을 훤히 볼 수 있다[…]"

(그 사람이 귀를 기울인다):

"그들은 자신이 비위를 맞춰야 하는(무서워서가 아니다, 절대무서워서가 아니다! 그건 신이 그들더러 모든 권위를 존중하라고 명령했기 때문이다) 강자들보다, 이 땅의 지배자들보다 자신이 더 빼어날 뿐 아니라 '운이 더 좋다'고, 어쨌거나 자신이 언젠가 그렇게 되리라고 지금 내게 넌지시 알린다. 그런데 정말 지겹다, 지겨워! 더 이상 못 참겠다. 숨을 쉴 수조차 없다! 숨을 쉴 수가

없어! 그 이상들을 제조하는 작업장—내가 보기에 그 작업장은
고약한 거짓말 냄새가 지독하게 난다."

　니체가 보기에 그 거짓말이 끼치는 영향은 도덕과 정의 측면
에서 참으로 명백하다. 어떤 행위가 그 주위의 표상에서 조금이
라도 벗어나면 그 행위를 한 사람의 '책임'을 상기시키며 맹렬히
비난한다. 이 점에서 니체가 《도덕의 계보》 제2논문에서 우리에
게 지시하듯, 그러한 행위를 한 사람의 태만이나 책임 같은 개
념 없이도 오랫동안 잘 지내왔다는 사실에 주목하면 매우 흥미
롭다. 예를 들어, 역사상 대체로 '죄인들'에게 가하는 징벌은 그
들의 '자유'에 대한 생각과는 아무런 관계가 없었으며, 그건 단
지 당한 고통으로 받은 손해를 거의 비슷하게 갚아줌으로써 가
하는 복수였을 뿐임을 알게 된다. 니체는 그 글에서 부당한 행
위를 저지르는 인간의 동물성과 그 본능, 인간 정서의 원초적인
형태에 대해서뿐 아니라, 심판을 내리는 다른 인간의 동물성에
대해서도 말한다. 빛나는 심판자 역시 거대한 정의의 원칙들을
논거로 내세워 복수를 추구하는 인물, 어떤 범주의 사람들에 대
한 원한에 가득 차 있는 인물이 아닌가?

　바로 이 때문에 니체가 가하는 비판의 반反그리스도교적인
측면은 계보 형태를 띤 도덕의 역사와 연결된다. 그 역사는 니
체로 하여금 우리 세상—특히 우리의 도덕과 법들—의 인간적

인 특성을 속단하지 않으면서 이해하게 해준다. 그 가치들은 달 군 쇠로 인간 동물의 살에 찍어 넣은 기억에서 유래한다. 우리 가 '도덕적'이라고 부르는 사람들은 자율적인 사람들이 아니라, 수 세기에 걸쳐 사육 받은 무리에서 나온 사람이다. 니체는 그 무리를 그것이 처한 정서적인 환경 속에서 관찰한다. 그 무리가 장벽의 어느 쪽에 있는지, 피해자인지 학대자인지, 교회 안에 있는지 바깥에 있는지는 중요하지 않다. 니체는 안티크리스트 로서 현실에 대한 공정한 관찰자가 되고자 한다.

자기 자신을 믿어라!
당신이 받은 교육이
당신의 눈을 멀게 놔두지 말라.

삶의 자세

니체가 신의 죽음을 다루는 섬세한 방식은 한결같이 제기되는 '당신은 신을 믿는가, 안 믿는가?'라는 질문을 우리가 넘어서도록 한다. 니체를 접하다 보면 이 질문은 불충분하며 거의 의미가 없다는 사실을 알게 된다. 내가 지닌 믿음의 독특함을 설명할 줄 아는 것, 내가 신과 맺는 내밀하고 개인적인 관계를 식별하는 것, 또는 반대로 내가 신을 거부하게 만드는 고유한 이유를 알아내는 것이 더욱 의미 있고 비전이 풍부한 태도다.

우리는 신과 정확히 어떤 관계를 맺고 있는가?

신자는 신에게서 도피처를, 자신의 도덕적 가치를 정당화할 무언가를 찾는가, 아니면 반대로 자신이 우월하다고 속단하지 않으면서 자기 행동의 존엄성을 평가하려 함으로써 자신의 비판적인 판단력을 자극하고 예민하게 만들 무언가를 구하는가?

니체는 그리스도교를 불신하지만, 악의 시험에 사로잡힌 적이 한 번도 없다고 말하는 사람보다는 스스로 의심을 품는 그리스도교인을 선호할 것이다. 무신론자에 대해서도 예외는 없다.

당신은 신을 믿지 않는 것이 그 무엇도 의미가 없다는 사실을 정당화하고, 종교적인 믿음이 저지르는 기만을 규탄할 이유가 된다고 생각하는가, 아니면 단순히 독단적이지 않은 방식으로 당신이 어떻게 자기 자신과 타인의 행동을 판단하게 되었는지 가늠하게 도와준다고 생각하는가?

니체가 보기에 안티그리스도는 도덕적 셈가라는 측면에서 반동적이지 않으며, 현실적이고 진실한 방식으로 자율성을 추구하는 사람이다.

나만의 독서 루트

우리 정서의 근본적인 역할에 대해 더 알아보고 싶은가?

→ 21. 직관을 따를 것

계보학적 방법론의 이점을 알고 싶은가?

→ 10. 도덕의 계보를 탐색할 것

→ 18. 진리에 트집을 잡을 것

우리 가치들을 탄생시키는 사유를 분석할 준비가 되었다고 느끼는가?

→ 30. '교화'가 아닌 '교육'을 받을 것

24

적극적
허무주의자가 될 것

"인간을 두려워하기를 멈춘 우리는
인간을 사랑하고 존경하고, 인간에게 희망을 걸기를,
그저 단순히 인간을 바라기도 멈추었다.
이제 우리는 인간의 모습에 질렸다.
—허무주의가 바로 이런 권태가 아니라면 대체 무엇이겠는가?
[…] 우리는 인간에게 지쳤다…"

《도덕의 계보》, 제1논문, 12.

"그건 해볼 가치가 있다."

허무주의자는 이런 말을 더 이상 믿지 않는다. 무슨 소용이 있는가? 삶에는 의미가 없고, 모든 게 다 마찬가지다. 허무주의는 세상에 대한 이론적인 입장 또는 성격상의 비관론이 아니라 무엇보다 어떤 느낌이다.

잘 알려진 표현을 따르자면 "신은 죽었다!"* 최고의 가치들조차 과소평가된다. 이 삶에는 의미가 없다. 모든 게 마찬가지인 존재의 어떤 특정한 상태에서 허무주의자는 기가 꺾이고 낙심하고 무기력한 사람이다. 열정적인 삶에 따르게 마련인 감정적인 변화를 더 이상 알아채지 못하는 단조로운 느낌이라는 역설.

개인적인 느낌인 허무주의는 황혼 녘의 지평선에서 길을 잃

●　　가령 《즐거운 학문》이나 《차라투스트라는 이렇게 말했다》에 나오는 말.

고 갈피를 못 잡으며 우상들―연민, 동정 등―로 눈이 먼 사회의 쇠퇴도 동반한다. 사회는 이러한 우상들을 자신의 동굴에 가두었으며, 그 동굴 벽은 여전히 수천 년 동안 유지될 것이다. 가치들에 속아 넘어가 잠들 수 있다. 사람은 싫증 나고 지쳐서 슬며시 잠들어 가치들 속으로 빠져든다. 마치 깊은 잠에 빠져들 듯. 우리 삶은 지반이 무너져 내리듯 우리를 휩쓸어 가는 거의 돌이킬 수 없는 코마 상태가 된다. "Caught in a landslide, no escape from reality (…) Anyway the wind blows(산사태에 갇힌 듯 현실에서 벗어날 수 없어. (…) 어찌 되었든 바람은 불어오고―옮긴이)" 퀸의 그 유명한 곡 〈보헤미안 랩소디〉의 한 구절처럼.

바로 우리 사회 ―니체는 유럽 사회라고 말했으나, 지금이었다면 아마도 그 영역을 상당히 넓혔을 것이다―, 우리의 모든 문화적 환경이 그 내재하는 논리로 우리를 심연까지 빨아들인다. 예언자의 모습을 띤 니체는 단지 우리를 이끄는 움직임에, 신까지 포함하여 모든 것이 미끄러져 내려가는 경사의 기울기에 예민할 뿐이다. 우리는 쉽게 멈출 수 없다. 우리의 가치들은 비눗방울이다. 깨끗하지만 우리를 중독시킨다. "의심할 여지 없이 인간은 계속해서 '더 나아진다'…"라고 니체는 비꼰다. 우리의 도덕은 사실상 우리가 소화할 수 없는 것이 되었다. 그럼에도 불구하고 우리는 그것을 섭취한다. 과도할 정도로:

"내가 정말로 견딜 수 없는 것이 무엇인가? 내가 끝장내지 못하는 유일한 것, 나를 숨 막히게 하고 소모하는 것은? 숨을 쉴 수 없다! 숨을 쉴 수 없어! 무언가 실패한 것이 나에게 다가온다는 사실, 내가 실패한 영혼의 내장 냄새를 들이킬 수밖에 없다는 사실이!"

내가 하루하루 들이쉬는 악취는 몰아낼 수 없고 허무주의자의 침대 머리맡을 지킨다. 허무주의자는 자신의 폐부를 고문하고 그를 죽음의 고통으로 이끄는 오랜 질병에 지쳤다. 다행히도 이러한 광경은 수동적인 허무주의자를 그린 모습이다. 우리 저자는 허무주의자의 두 번째 유형, 적극적인 허무주의자가 있다고 설명한다.

별안간 깨달음이 온다: "우리가 사는 세상은 신적이지 않고, 비도덕적이며, '비인간적'이다." 나는 행동할 여지가 있음을 느낀다. 내가 움직일 수 있는 것들이 있다. 반응이 생긴다. 우리 눈앞에 쓰러져 있는 세상의 그 결정된 상태에 대하여 '아니다'라고 말하는 것은 다른 것에 대하여 '그렇다'라고 말할 가능성이 풀려나게 한다. 매사를 있는 그대로 응시하면서 나는 무언가를 한다는 사실에 놀라고 즐거움을 느낀다. 나는 매사가 나에게 부

---

* 《도덕의 계보》, 제1논문, 12.

** 우리는 이제 막 《도덕의 계보》를 떠나 《즐거운 학문》으로 들어섰다.

합하지 않는다는 사실을 깨닫고, 그것들을 나의 잣대로 잴 결심을 한다. 가치의 어떤 형태가 다시 생겨난다. 이번에 그 가치는 나를 소유하고, 나를 강화하고, 나를 들어 올린다. 허무주의는 정신의 고양된 힘을 나타내는 신호가 된다.

바로 '적극적 허무주의'가 도래한 것이다. 무無와 혼돈이 내 앞에 길을 연다. 그것들은 *나만의* 창조를 가능하게 만든다. 더 이상 의지할 창조주가 없으므로 나는 스스로 책임을 진다.[•] 사방에서 여자들과 남자들이 재건하기 시작한다. 그 결과, —힌두교 건축물의 특징이 집약된 고푸라 사원의 놀랍도록 풍부한 장식 같은— 여러 색깔의 다채롭고 범세계적인 변화무쌍한 하이브리드 건축물들이 세워진다. 그 허무주의는 수동적 허무주의를 계승한다는 점에서(따라서 후자는 피해갈 수 없는 단계) 새로우며, 또 미래를 향해 열려 있다는 점에서도 새롭다. 니체는 앞으로 올 두 세기의 역사를 이야기한다는 사실을 인식한다.

이제 종교는 허무주의적이다. 종교의 신이 무無이기 때문이다. 장신구가 그 뒤에 있는 것, 삶을 은폐한다. 숭고하고도 절망

[•] 이와 비슷한 생각을 사르트르와 시몬 드 보부아르의 실존주의(전자의 《실존주의는 휴머니즘이다》, 후자의 《애매함의 도덕에 관하여》)에서 찾아볼 수 있다. 두 사람은 모두 인간의 책임을 설명하기 위해서 도스토옙스키의 작품에 나오는 분子, "신이 존재하지 않는다면, 모든 것이 허용된다"에서 길어낸 생각에 의거한다. 니체는 이 러시아 작가의 열렬한 숭배자였다.

적인 반전이다. 존재와 삶을 무의 베일로 뒤덮은 것이다. 우리가 내보이는 가치들은 가치 없는 것들이 되었다. 바로 이 때문에 니체는 《도덕의 계보》에서 "우리는 인간에게 지쳤다"라고 단언했다. 하지만 그 피로에는 길어낼 힘이 담겨 있다.

끝으로 여러분은 영화 〈파이트 클럽〉의 시작 장면(또는 끝 장면, 왜냐하면 이 영화의 시작과 끝이 같은 장면이므로)에 와 있다. 척 팔라닉이 쓴 원작소설에는 나오지 않는, 데이비드 핀처 감독의 멋진 발상으로 삽입된 픽시스의 음악 위로 세상이 무너져내린다. 우리가 지닌 가장 눈부신 망상을 떨쳐낸 그 폐허 위에 우리는 무언가 완전히 새로운 것을 구축할 수 있다. 다가오는 비극을 기다리며 병자는 역설적으로 다시 삶을 되찾고 기이하게도 의식이 또렷해진다. 오염된 피를 말끔히 배출한 적극적 허무주의자는 다시 자신의 피를 생성할 준비가 되었다. 원기를 회복할 준비가 된 것이다. 이를 이루기 위해서 그는 삶 자체를 모델로 삼을 것이다. 자신이 회복될 것을 예견하며, 이제 그가 완전히 새로운 무언가를 탄생시킬 순간이 왔다. 그는 사물들이 덧없음—가치들이 동시에 가치 없다는 사실—을 경험했으므로 무엇이든 긍정하는 것만으로는 충분치 않다는 사실을 안다. 병적인 습관에 관련된 일에 대해서는 그렇다 또는 아니다, 그렇다 그리고 아니다, 라고 말하는 게 매한가지다. 우리 저자가 보기에 이

제부터는 다르게 말하고 자신을 긍정해야 한다. 이러한 변화를
구축하는 과정에서 우리는 의지에 의존해야 할 것이다.

혼돈이 여러분을 사로잡게
놔두지 말라!
당신 삶의 의미를 짊어지는 것은
바로 당신이다.

삶의 자세

허무주의는 어떤 위기, 우리 존재와 우리 사회가 겪는 가장 심각한 위기의 이름이다. 그 위기는 한 민족 전체에 타격을 주고, 계속 더 넓은 영토로 퍼져 나가서 한 시대 전체를 특징짓기에 이른다. 당신은 이 모든 일에 대하여 특별한 책임이 없다. 의미를 지니지 않은 것에 대해 한껏 생각해도 당신은 그에 대하여 아무것도 바꿀 수 없을 것이다. 당신이 관심을 갖는 것은 그 위기에서 도출될 그 무엇이다. 당신은 되는 대로 살아갈 것인가, 아니면 그 위기에서 벗어나 더 평온하고 강해질 것인가?

니체는 현실적이기에 이따금 당신 존재를 갉아먹는 의미 상실을 무시하라고 말하지는 않을 것이다. 폭풍우가 절정에 이른 때, 모든 것이 돌이킬 수 없는 방식으로 동요하려는 것 같은 때, 당신은 모든 것이 뒤집힐 수도 있는 그 순간을 붙잡아둘 수 있다. 당신의 시선은 이러한 붕괴를 경험하는 순간만큼 맑은 적이 결코 없었다. 당신은 마음속 가장 깊은 곳에서 혼돈(의미의 부재)이 소멸(존재의 부재)은 결코 아님을 느낀다. 혼돈은 당신이 자기 삶을 재건하려고 안절부절못하게 만든다.

나만의 독서 루트

질병과 그 시련의 미덕에 대해 더 알아보려면,
→ 8. 질병을 똑바로 바라볼 것

자기 긍정에 대한 정보를 더 얻고 싶으면,
→ 32. 이기주의자가 될 것

미래를 구축하는 일에 대해 더 알고 싶으면,
→ 26. 진짜 귀족이 될 것
→ 34. 자유로운 의지를 가질 것

25
———————————

어린이처럼 놀고
창조할 것

"이야기와 놀이가 유년기에 속한다고 믿으니
참으로 근시안적이다!
이야기가 없고 놀이가 없다면,
나이가 몇 살이든 어떻게 살아갈 수 있을까!"

《인간적인, 너무나 인간적인》, II, 1장 '혼합된 의견과 잠언들', 270.

창조는 아폴론이나
디오니소스나 예술가만 하는 것이 아니다. 어린이도 창조한다.
니체는 (1885년~1886년 유고에서) "예술가의 놀이와 어린이의
놀이만이 이 지상에서 순진무구하게 성장하고 소멸하고 구축
하고 파괴할 수 있다"라고 적는다. 이러한 생각은 《차라투스트
라는 이렇게 말했다》에서 이미 훌륭하게 전개되었다. 차라투스
트라는 서두에 이어 말하기 시작하는데, 그의 첫 번째 가르침은
정신의 '세 가지 변화'에 대한 것이다. 그는 "정신이 어떻게 낙타
가 되고, 낙타가 어떻게 사자가 되며, 마지막으로 사자가 어떻
게 어린이가 되는지" 설명한다.

우리 정신은 더없이 무거운 짐을 견뎌내는 법을 배웠다. 우
리는 낙타가 되어서 자연스럽게 스스로 짓눌리게 놔두었다. 더
이상 견딜 수 없게 되자 우리는 정신을 차리고 고독한 상태에

서 자유를 되찾기로 결심한다. 그래서 정신은 사자가 된다. 우리는 의무라는 짐을 의지의 활동으로 대체한다. 그럼에도 불구하고 과거는 여전히 우리를 짓누른다. 이것을 떨쳐내야 하는 것은 사자다. 사자는 우리가 과거에게, 과거 우리의 존재에게 '아니오'라고 말할 때 마음속에서 포효한다. 이는 상당히 폭력적이다. 그렇다면 사자로서 만족할 수는 없는지 의문이 드는가? 그에 대한 대답은 차라투스트라가 당신에게 하도록 맡긴다:

"하지만 나의 형제들이여, 내게 말해다오. 사자도 할 수 없는 일을 어린이가 할 수 있는가? 강탈하는 사자가 어째서 어린이가 되어야 한단 말인가?

그건 어린이가 순진함이자 망각이고, 새로운 시작이자 유희, 저절로 굴러가는 바퀴고, 최초의 움직임이며, 신성한 긍정이기 때문이다.

나의 형제들이여, 진실로 창조자들의 유희를 위해서는 신성한 긍정이 필요하다. 이제 정신은 자기 자신의 의지를 원하고, 세상을 잃은 정신은 자신의 세계를 정복한다."●

그렇다, 우리 현자는 어린이를 어떤 과정의 끝에 놓는다. 그는 적극적 허무주의가 이미 오랜 역사, 가치들의 붕괴를 거치며

● 《차라투스트라는 이렇게 말했다》, 제1부, 세 단계 변화.

늙었다는 점을 상기시킨다. 허무주의자는 자기 긍정과 창조라는 면에서 전부 새로이 배워야 한다. 자기 자신이 되어야 한다고 주장하는 사람이 우리더러 어린이가 되는 법도 배워야 한다고 말하는 것이 놀라운가? 순진무구한 방식으로 규범과 도덕의 영향을 받지 않고 창조하기, 바로 이것이 우리가 배워야 할 내용이다. 이는 우리의 개별성을 마음껏 발휘하는 일이다. 그 자체로 탄생은 아니지만, 자기 자신이 부활하는 일이다. 어린이 안에는 "영원히 활기찬 불"이 유지될 것이다.

우리는 우리 세계를 창조하는 순간에, 프로이트가 어른이 유희하려고 몸을 숨길 때 보인다고 말한 수치심을 느낄 필요가 없다.[*] 프로이트가 생각하기에 유희하는 사람, 그리고 자기 자신이 무언가 다른 역할을 맡는다고 상상하는 사람, 특히 어른은 현실에서 자기 삶에 적응하지 못하고 불만족해 한다. (사람들이 이따금 즐겨 말하듯 이 점에서 프로이트를 예고하는 사람은 아닌) 니체에게 유희는 도피처가 아니며 사람들이 강요하는 현실에 대해 우리 자신을 잃어버림으로써 접촉 상실을 일으키는 것 역시

---

[*] 예술가(이 경우에는 문학 창작자)가 됨으로써 그 사람은 다르게 노는 것일 뿐이라고 프로이트는 설명하리라. 그는 솔직히 인성하지 않은 채 유희한다. 자신이 바라는 현실을 지니지 못했기 때문에 스페인의 성채를 꿈꾸거나 동화 속에 흠뻑 빠져듦으로써.

아니다. 유희는 창조, 그러니까 자기 자신을 개별적으로 긍정하기 위한 조건이다. 니체는 어린이의 유희를 예술가의 유희와 마찬가지로 끊임없이 높이 평가했다. 현실은 하나의 유희인데, 이는 그 잠재성 때문이 아니라, 유희가 가볍고 변화무쌍하며 경직되어 있지 않기 때문이다. 유희는 '현실'보다 삶에 훨씬 더 밀착해 있다. 그러니 삶의 움직임 속에서 유희적인 측면을 알아보는 법을 배우자. 즐겁게 놀며 장난하는 것을 부끄러워하지 말자. 왜냐하면 삶 자체도 장난하니까. 우리와 더불어서뿐 아니라.

당신이 지닌
어린이의 영혼을
검열하지 말라!

삶의 자세

당신은 어떻게 놀며 장난을 치는가?

만일 당신이 삶에서 의도적으로 유희 공간을 가꾼다면(니체는 당신이 옳다고 말하리라!), 당신은 거기에서 무엇을 찾기를 원하는가?

그 놀이를 멈춘다면 근본적으로 무엇을 잃겠는가?

당신이 어른의 삶에서 무슨 일이 있어도 포기하지 않을 놀이가 있는가?

니체는 모든 유희에 창조가 담겨 있다고 말한다. 당신은 놀면서 시간을 허비하는 것이 아니라, 무언가 성취한다고 느낀 적이 있는가? 유희적으로만 보이는 어떤 활동에는 어쩌면 자기를 실현할 기회가 감추어져 있는지 모른다. 당신이 이 사실을 깨닫는다면, 자기 자신을 진지하게 긍정하기 위해서 어떤 기회들을 사회가 기대하는 바에 따라 (사회가 자신이 스스로 판 함정에 빠지게 만들면서!) 활용하고 싶을지 모른다. 당신이 유희를 하면서 이미 충분히 만족감을 느끼고 있으며, 타인의 평가에 신경 쓰지 않는 경우가 아니라면 말이다. 단, 이 두 가지 선택은 조정 가능하다는 사실을 명심하라.

나만의 독서 루트

앞 단계를 거치지 않고 여기로 왔는가?

앞부분을 다시 살펴볼 필요를 느끼는가?

→ 24. 적극적 허무주의자가 될 것

그렇지 않다면 순서대로 계속 읽어라. 여러분은 제대로 나아가고 있다!

26

———————

진짜 귀족이
될 것

"완전히 다른 믿음을 지닌 우리는,
민주주의 움직임을 정치 조직의 쇠락한 형태요,
심지어 인간의 쇠퇴요, 실추의 한 형태며,
인간을 열등한 존재로 만들고
그 가치를 깎아내리는 일로 간주하는 우리는
대체 어디에 희망을 둔단 말인가?
— 바로 새로운 철학자들에게."

《선악을 넘어서》, 제5장 '도덕의 자연사', 203.

급진적이라는 면에서 뒤지지 않는 또 다른 선언이다! 실제로 니체는 귀족의 성 앞에 붙이는 단어(프랑스어의 de, 독일어의 von 등—옮긴이)를 전부 거부했다. 그렇다면 어째서 그는 자신을 '새로운 귀족'으로 간주하는가?

그리스어에 푹 빠진 문헌학자 니체는 귀족이라는 단어의 뜻을 잘 알았다. 그 단어는 최상급인 aristos(최고의)에 힘, 능력, 권위, 또는 위력을 뜻하는 형용사인 kratos가 더해진 말이다. 철학은 겉보기와 달리 민주주의와 어울리지 않는다. 플라톤은 귀족 통치를 꿈꿨다. 철학자—왕이 구현하는 특별한 귀족 정치로서 그 힘kratos이 지혜로부터 나오기는 하지만 말이다. ●

● 한 인간이 감당하기 불가능한 일이라고 훗날 칸트는 강조했다. 그 어떤 인간도 절대적으로 합리적이지 않으므로, 정의의 측면에서 자기 자신을 예외로 삼는 경향이 있으리라는 사실은 더없이 확실하다.

니체가 말하는 귀족이 보편적인 개념이 아니라는 사실은 다음 선언에서 잘 드러난다: "오늘날 '귀족'이라 불리는 모든 것에 비교할 때 나는 고귀함에 대한 절대적인 감각을 지녔다─나는 독일의 젊은 황제에게 나의 마부가 되는 영예를 부여하지 않을 것이다."•

니체는 귀족이지만 왕정주의자도 제국주의자도 아니다. 그의 귀족 신분은 고타gotha 독일 귀족 연감에서 찾을 것이 아니라, 감정의 고귀함에서 찾아야 한다.

이를 설명하기 위해서 니체는 보통 거리의 이미지를 사용한다. 칸트는 우리 인간이 무엇이든 완전히 올곧은 것을 새겨 넣기에는 지나치게 굽은 나무로 만들어져 있다고 보며 곧음의 이미지를 사용했다. 니체는 겉보기에 헤밍웨이 쪽인 것 같다: "다른 사람들보다 우월하다고 고귀한 것은 전혀 아니다. 진정한 고귀함은 그대의 과거 존재보다 우월하다는 데 있다." 여기에서 말하는 고귀함은 한 개인을 더 나은 지점으로 움직이게 만드는 '거리 감각'에 근거를 둘 수밖에 없다. 자신을 (새로운) 귀족으로 규정함으로써 니체는 위력에 대한 생각도, '최고들'이 다른 사람들 위에 자리하는 위계질서에 대한 생각도 포기하지 않는다. 니

• 《이 사람을 보라》, 나는 왜 이렇게 현명한가, 3.

체가 자처하는 귀족은 자신을 다른 사람들뿐 아니라 자기 자신과도 구분하는 거리를 인식한다.

이러한 점에서 적이 있다는 사실은 전혀 문제가 안 된다. 그 적들(이들을 단순히 경쟁자라고 부르자)이 우리가 성취를 이루는 과정에서 우리를 자신의 어떤 단계와 구분하는 적당한 거리에 위치하도록 하기만 한다면 말이다. "너 자신이 되어라"라고 니체는 반복해서 말한다. 그리고 그 일을 이루려면 서서히 자신을 뛰어넘어라. 당신은 우리가 자신을 자신과 닮은 사람들하고만 비교한다는 사실을 눈치 챘는가? 자신을 더 낫게 만들려면 거리가 필요하지만, 그 거리가 너무 멀면 올라서기란 아예 불가능하다. 더없이 강렬해 보이고 우리 자신의 비루함을 깨닫게 만드는 사람들과 경쟁해야 한다는 느낌에서 벗어나기 위해 그들을 '천재'로 간주할 때처럼.

간격을 두는 것은 발전을 위한 필요조건이다. 거리를 정한 다음에 이를 한 걸음 한 걸음 주파하기. 니체가 말하는 귀족 신분에서 (경쟁심을 일으킬 수 있을) 개인 간 비교 의식은 어떤 사회계층에 소속된다는 사실보다 더 중요하다. 그 귀족됨은 각자가 타인에 맞서기보다는 타인과 더불어 자신을 긍정하는 상호개인주의inter-individualisme에 해당한다. 타인의 타자성altérité을 깎아내리기보다는 타인을 향해 자신을 끌어올림으로써 말이다. 타자성을 깎아내리지 않고 넘어서는 것, 타인을 도랑에 처넣지 않고도 능가하는 것. 혼자서 맨 앞에서 달리는 게 무슨 소용이겠는가? 우리 저자가 묘사하는 귀족됨은 어떤 공정한 경쟁의 성격을 띤다. 경쟁자들은 개인이 나약해지지 않고 각자 지닌 가장 좋은 것을 성취하도록 해준다.

언뜻 차갑고 냉소적으로 보일 니체의 귀족 슬로건은 니체 사상의 맥락에서 전혀 반동적이지 않다. 어쩌면 문화적인 관점에서 보았을 때 이런 급진적인 형태의 새로운 귀족 신분을 이해하기에 우리는 너무 어린지 모른다. 니체는 우리가 단지 귀족이라는 겉모습을 폐지했을 뿐 아니라 더 나은 사람이 될 모든 가능성을 스스로 없애버렸다고 비판할 수도 있다. 모든 형태의 민중주의와 우민정치, 최저 수준에 맞춘 평등화…… 시민이 근본적으로 더 나아지고 진정으로 자신을 성취하는 일을 ─스스로!─ 가로막기 위해서 근대성이 민주주의 사상에서 끌어낸 것들이다. 이 모든 것에 격렬히 반대할 니체가 보기에 민주주의에서 난처한 지점이 바로 여기다. 니체 사상에 따른 귀족됨은 무리와 군집 본능을 거부하는 일이다. 이는 개인에게서 가장 좋은 것을 긍정하는 하나의 방식으로서, 경제와 사회 분야에서 즐겨 그리듯 순진한 개인주의가 표출된 것으로 축소되어서는 안 된다. 귀족은 무엇보다 자기 자신을 두려워하지 않으며 무리에서 조금 벗어나는 가치들도 과감히 긍정하는 사람이다. 귀족은 그의 변화와 우리의 변화가 지니는 가장 훌륭한 측면에서 삶으로 지탱된다. 그 사람은 힘에 대한 의지를 또렷하게 인식하며, 두려워하거나 거부하는 대신에 그 의지를 기뻐하고 온 힘을 다하여 긍정한다. 이를 긍정함으로써 그 사람은 하루하루 자신을 긍정한다. 어떤 이는 이를 기분 나쁘게 여기겠지만.

자신의 가장 훌륭한 점을
겸허히 긍정하라!

삶의 자세

당신은 가끔 자신이 다른 누군가보다 더 낫다는 우쭐함을 느끼는가? 니체는
그 감정에 죄책감을 느낄 필요가 없으며 어쩌면 그런 감정이 꽤 정당할지도
모른다고 생각하게 한다. 당신은 모든 것이 똑같은 가치를 지니지 않는다는
사실을 안다. 어떤 사람들은 자기가 타인보다 어떤 일을 더 잘할 수 있거나,
자기 성취를 이룰 힘이나 가능성이 없는 사람들이 방황하거나 포기할 때 그
일을 해낸다는 사실을 알고 있다. 니체는 허무주의에 맞서서 탁월하다는 느
낌, 따라서 '귀족'이 지닌 정당성을 회복한다.

하지만 이러한 느낌은 출생이나 사회적 특권이라는 기반 위에 세워지지 않
는다. 그렇기에 이 새로운 귀족 신분은 근본적으로 자유로우며, 그 주체들이
이루는 삶의 성취에 의존한다. 물론 그들이 발전을 가로막는 무거운 제약과
저항을 넘어설 능력을 지녔다는 가정하에서 말이다.

당신은 자신이 지닌 가장 좋은 것을 긍정하는 일이 전혀 '나쁘지' 않다는 생
각에 대해 여전히 저항감을 느끼는가?

나만의 독서 루트

귀족 신분을 되살리는 것에 이어 이기주의를 되살리는 것에 대하여 알아보
고 싶다면,

→ 32. 이기주의자가 될 것

27

_____

오늘 하루를
살아갈 것

"가장 무거운 짐—만일 어느 낮 또는 밤에 악마가
그대의 가장 깊은 고독으로 슬그머니 들어와 말한다면 어떨까.
'네가 지금 살고 있고, 살아온 삶을 너는 다시 한번 더,
또 무수히 다시 살아야 할 것이다.
그 삶에는 새로운 것이라곤 하나도 없으며,
반대로 고통과 기쁨, 생각과 탄식이 모두 하나하나,
이루 말할 수 없을 만큼 작고 큰
네 삶의 모든 것이 되풀이되어야 한다."

《즐거운 학문》, 제4부, 341.

니체가 상상하듯 누군가 당신에게 이런 가능성을 '선사한다'면 당신은 이를 갈며 풀썩 주저앉을 게 분명하다. 심리적 관점에서 보았을 때, 영원한 회귀에 대한 생각은 믿을 수 없이 강렬하다. 아마도 이것은 존재론적인 영향이라는 측면에서 가장 설득력 있고 풍부한 체험 중 하나일 것이다. 이러한 체험은 영원한 삶이라는 생각이 불충분함을 나타낸다. 만일 모든 것이 조금도 달라질 가능성 없이 그대로 반복된다면, 당신은 이러한 영원성을 선물로 받아들이겠는가? 마치 영원성이 어떤 핵심적인 선택 사항 없이는 아무런 가치도 없다는 듯.

영원한 회귀라는 생각은 우리로 하여금 죽음과 맺는 관계를 다시 생각해 보도록 한다. 일신교를 계승한 사회에서는 신사들뿐 아니라 거의 모든 사람이 영원한 삶이 죽어야 할 운명보다

낮다고 생각한다. 현재 트랜스휴머니즘*에서 제시하는 대부분의 방법은 건강한 상태로 수명을 연장하는 것으로 만족하지 않으며, 노화를 완전히 없애려고 시도한다. 니체는 우리에게 묻는다. 시간이 흐른다는 감각을 잃는다면, 우리가 발전한다는 사실을 어떻게 체험하겠느냐고.

영원한 회귀는 시간이 흐르는 세상 바깥에서 우리가 성취를 이룰 수 있는 방식에 대하여 묻는다. 만일 우리가 미래의 자아에 다가서기 위해서 주파해야 하는 간격, 거리가 우리 앞에 없다면, 어떻게 자기를 성취할 수 있겠는가? 니체가 사용한 잘 알려진 표현을 빌리자면, 어떻게 우리 자신이 될 수 있겠는가? 영원한 회귀라는 생각은 앞으로 수년간 강화될 수 있을 현대의 여러 환상을 능가한다.

죽음에 맞서 싸움으로써 죽음의 가장 허용할 수 없는 측면들(사고, 불치병 등)을 없앨 수 있다는 생각은 옳다. 하지만 영원성은 모든 것에 대한 치료법이 아니며, 그것을 인간이 받을 수 있을 가장 소중한 선물로서 우리 존재의 궁극적인 목표로 삼는 것

─────────────

* 인간의 신체적·정신적 능력을 개선함으로써 과학 및 기술을 활용하는 것을 권장하는 움직임. 이러한 국제적인 움직임은 매우 다양한 양상을 보이는데 불멸성, 즉 그 어떤 방식으로 불멸에 다가섬을 내포한다. 트랜스휴머니즘은 여러 윤리적 문제를 제기한다.

은 지나치게 순진한 일이리라.

영원한 회귀에 대한 생각은 자유 없는 영원한 삶에 대한 신화를 전한다. 단지 100년이라 해도(이는 긴 시간이지만, 영원에 비교하면 보잘것없다) 당신은 그만큼 더 살아갈 준비가 되어 있는가? 그 기간에 벌어질 모든 일을 이미 알고 있으며, 미래에 대하여 느낄 맛과 실제 맛, 그 결과를 이미 맛보았으며, 내일이 어떨지에 대한 놀라움을 빼앗긴 상태에서? 당신은 불확실하더라도 알지 못하는 삶을 택하는 것이 더 낫다고 생각하지 않을까? 아니면 현재 당신은 이러한 가능성을 진지하게 생각하기에는 미래가 너무 두려운가?

영원한 회귀에 대한 생각은 우리가 영원에 대하여 지닌 신화를 몰아냄으로써 우리가 현재라는 초석으로 되돌아오게 하며 현재의 중요성을 온전히 되살린다. 당신은 자신이 자유롭다고 느끼고, 내일이 어떨지 알지 못한다. 잠깐 상상해 보라. 내일은 또 다른 새로운 날이 *아닐* 것이며, 당신은 깨어나서 방금 보낸 날을 *또다시* 살 거라고. 이런 일이 실제로 벌어져야 한다면, 당신은 자신의 삶이 영원으로 기울어질 그 숙명적인 날 하루 전에 미리 예고받기를 원할 게 분명하다! 단조로움을 몰아낼 수 있는 것은 그야말로 아무것도 없다. 그렇다면 당신은 그 영원할 날을 가장 훌륭한 날로 만들려고 최선을 다하지 않겠는가?

결론적으로, 영원한 회귀에 대한 생각은 방금 지나간 날이 반복될 가능성을 진지하게 받아들임으로써 당신의 이상적인 하루를 가상으로 구성해 보라는 초대다. 더욱이 그러한 이상에 대하여 당신이 취하는 자유가 일상적인 습관으로 변하는 일이 결코 없는가? 당신의 삶에서 좋아하지 않지만 습관적으로 반복하는 일은 하나도 없는가? 제약이 덜할 때에도, 습관이 그러한 제약을 밀어내고 그 자리를 차지하는 경우도 포함해서 말이다. 어쩌면 완벽한 *하루*의 모습은 이상적인 *삶*이 어떤 모습일지 가늠하기 위한 첫걸음일지 모른다. 당신은 삶의 막바지에 이르러 어떤 조건이 갖추어졌을 때 과거 전체를 응시하고 삶이 성취되었다는 느낌을 받으며 고요하고 편안한 마음으로 이 세상을 떠나기를 받아들이겠는가?

자신을 위한 순간들을 매일 자신에게 허락하라!
지나간 하루가 다시 시작되어야 한다면
어떤 느낌이 들지 상상해 보는 습관을 들여라.

삶의 자세

누구에게나 습관이 있다. 그중에서 어떤 습관은 좋아서 생긴 것이고, 또 다른 습관은 어쩔 수 없이 따르는 것일 테다. 습관들을 식별해 보라.

어떤 것이 당신의 주요한 습관인가?
그것들이 근본적으로 당신에게 어떤 쓸모가 있는가?
그 습관들을 무한히 연장하는 상황을 당신은 감당할 수 있을 것인가, 아니면 목표를 달성하기 위해서 그 습관들 말고 다른 방법이 있는가?

영원한 회귀라는 생각은 그 끔찍하도록 무거운 특성 때문에 여러분이 덜 해롭고 더 건강하며, 자기 성취와 미래에 도움이 될 습관을 들일 의지를 키움으로써 나쁜 습관들을 떨쳐내게 도와줄 수 있다.

나만의 독서 루트

과거와 단절한다는 생각에 조금 걱정이 되는가?
→ 20. 필요하다면 망각할 것

28
———

피로를 도약의
발판으로 삼을 것

"참으로 우리는 죽기에도 너무 지쳤다.
그래서 계속 살아간다— 무덤 속에서!'
차라투스트라는 어느 예언자가 이렇게 말하는 것을 들었다.
그의 예언은 차라투스트라의 마음을 관통했고
그를 변화시켰다."

《차라투스트라는 이렇게 말했다》, 제2부, 예언자.

타성에 양보하지 않는 것, 습관을 피하고 무리에서 멀리 떨어져 지내는 것, 자신을 사로잡는 허무주의에 대한 응답으로 가치들을 창조하는 것, 기진맥진해 있으면서도 어린이가 하듯 유희하는 것…… 니체는 급진적이고 그 급진성은 가끔 그를 지치게 한다.

당연히 우리도 지칠 때가 있다. 신체적 피로와 심리적 피로의 공통점은 그 피로가 우리를 엄습할 때면 평소 열광했던 것들에 대하여 권태감을 넘어 거부감까지 생긴다는 점이다. 우리는 일상의 단조로움을 더 잘 감지하게 된다. 우리 마음은 덜 원하고, 우리 안에 잠든 어린이는 침묵을 지킨다. "그렇게 힘을 들이는 게 무슨 소용인가?"라고 사람들은 가끔 자신을 힐난한다. 매우 지친 우리는 그 무엇에도 의욕을 느끼지 못하고, 심지어 그 상황에서 벗어나려고 무언가를 할 욕구조차 잃는다.

위기의 순간은 고통스럽다. 두렵게 만든다. 그러한 순간들은 자기 자신을 잃는다는 느낌, 극도의 절망감으로 나타난다. 그로부터 야기되는 통제력 상실은 끔찍하다. 니체에게서 '엄청난 피로'는 우리 존재에 대한 신랄한 과소평가, 세상에 대한 혐오감으로 나타난다.

우리 저자의 도움을 받아서 당신을 피로하게 만드는 것, 당신이 절대로 다시 경험하고 싶지 않은 것이 무엇인지 정확하게 파악해 보라. 당신이 느끼는 지겨움이 당신으로 하여금 자기 자신의 상당 부분을 새로이 만들어내게 할 수 있다. 그렇다면 당신이 느끼는 피로는 부활의 기회가 될 수도 있다.

무기력해진 당신은 침대에 누워 휴식을 취하는 것 말고는 아무것도 하지 못한다. 당신의 정신은 깨닫지 못하는 사이에 재생된다. 잠에서 깨어날 때 당신 안에서 새로운 에너지가 생겨난다. 이제 당신은 그 에너지로 무엇을 할지 더 잘 안다. 자신을 온전히 성취하려는 의지, 자신의 인간성이 자신에게 제공할 수 있을 것을 실현하려는 의지에 이끌리는 당신을 보라. 지친 상황에서 벗어나기란 물론 쉽지 않다. 고통스러운 습관들에 사로잡혀서 일상에 지치고 짓눌린 상황을 더 이상 수동적으로 견디지 말라. 조금 더 이를 악물고 당신이 시작한 일을 끝낼 때까지 일상 재정복 계획을 마음속으로 묵묵히 구축해 가라.

그 일을 이루기 위해서 당신은 니체가 늘 급진적이지만은 않다는 사실을 알아야 한다. 현실적인 제약에도 신경 쓰면서 우리를 이상향이 아닌 현실적으로 가능한 길을 갈 수 있도록 이끄는 사상으로 그의 인간성이 드러난다.

지친 순간들을
활용하여 자기 자신을
더 잘 알아가라!

삶의 자세

피로는 피할 수 없다. 당신은 매우 다른 형태의 피로를 느껴본 적이 있을 것이다. 피로에 유일한 얼굴을 부여하는 것은 잘못된 일이다. 심리적, 신체적으로 기진맥진한 상태는 똑같은 활동 불능과 권태로 이어질 수 있지만, 자신이 느끼는 피로의 윤곽을 잘 식별해 낸다면 다시 동기를 부여할 수 있다.

피로한 상태는 역설적이게도 자신의 감각에 가장 가까이 다가서고 그런 상태를 야기한 것이 무엇인지 정확히 식별하기 위한 가장 좋은 지표다. 이러한 심리적 선별 작업을 통해 당신은 열정을 불러일으키는 것으로부터 분리되지 않으면서 에너지를 더욱 쉽게 재활용할 수 있다.

나만의 독서 루트

당신이 느끼는 피로를 활용한다는 것은 곧 당신이 고통받는 원인이 무엇인지 식별함을 의미한다.

→ 6. 질병을 식별할 것

혼란한 상황에서 의미를 도출하는 일이 가능하다는 생각에 공감한다면,

→ 24. 적극적 허무주의자가 될 것

PART **4**

나 자신이
되기

나___는
니체처럼
살기로 했다

29

민족주의에서
탈피할 것

"우리는 […] 그 기만적인 인종적 자기우상숭배,

현재 독일에서 게르만족에 대한 충성의 표시로 내보이고 다니며

'역사 감각'을 지닌 국민에게서 이중으로 거짓되고

파렴치해 보이는 그 추잡한 행위에 가담할 마음이 거의 없다.

우리는 한마디로 *훌륭한 유럽인*, 유럽의 계승자다."

《즐거운 학문》, 제5부, 377.

니체가 민족주의 사상가일 거라는
끈질긴 생각이 존재한다. 니체가 아팠던 여러 해 동안 그의 저
작을 냉소적으로 왜곡한 니체의 여동생*이 지닌 반유대주의가
이러한 평판을 쌓는 데 큰 영향을 끼쳤다. 하지만 그녀는 니체
를 매우 잘못 판단했다.

민족주의에 관하여 당시에 니체만큼이나 자신을 '독일적'이
지 않다고 주장한 독일 사상가는 거의 없다. 니체는 스위스에서
일하고 자주 유럽을 여행하면서 독일인을 엄격한 시각으로 고
찰했다. 그는 심지어 '독일인'이라는 용어를 '심리적 타락'을 가
리키는 국제 통화로 삼자고 제안하기까지 했다!

---

* 맹렬한 반유대주의자인 베른하르트 푀르스터와 혼인한 니체의 어동생은 자기
  남편과 함께 파라과이에 아리아족을 맞이할 누에바 게르바니아Nueva Germania
  라는 식민지를 창설하는 데 가담했다.

진리를 경계하자. 진리는 자신이 담고 있는 문화적 퇴적 작용을 은폐하며, 너무도 많이 공유되었기에 반드시 의심해 보아야 한다. 자신의 게르만성이 끼치는 역효과를 파악하지 못하고 세계시민이 될 필요성을, 즉 훌륭한 유럽인이 되어야 할 필요성을 때 이르게 열렬히 옹호한 칸트의 순응주의를 니체가 의심스러운 시선으로 바라본 것도 이 때문이다. 니체의 작품 여러 구절이 독일 정신에 대하여 극도로 비판적이다:

"나의 자연스러운 독자와 청중은 이제 러시아인, 스칸디나비아인, 프랑스인이다. [...] 독일인은 [...] '자각 없는(이 수식어는 칸트와 라이프니츠뿐 아니라 피히테, 셸링, 쇼펜하우어, 헤겔, 슐라이어마허에게도 적용된다. 이들은 모두 베일 제조자에 불과하다)' 위폐 제조자들만 생산해 냈을 뿐이다. '독일 정신'은 내가 보기에 탁해진 공기다."•

엄격한 민족주의와 애국주의가 격화되던 시대••에 이런 식으로 말하기란 쉽지 않은 일이었다. 니체가 다른 국가들의 장점을 칭찬하는 경우도 있지만(니체는 특히 프랑스를 좋아하는 자신의 취향을 공공연히 밝혔다), 우리 저자는 무엇보다 자신이 독일인이 아닌 '훌륭한 유럽인'이라고 규정한다. 그는 특히 초국가적이고

•   《이 사람을 보라》, 나는 왜 이렇게 좋은 책을 쓰는가, 3.

•• 참고로 이는 1880년대~1890년대.

무국적인 관점을 기르면서 유일성과 특수성을 넘어서서 필요한 경우에 자기 주위 어디에서든 좋거나 나쁜 것을 찾아냈다.

니체는 우리의 가치들에 대하여 비판적이고 심오하고 급진적인 시각을 지녔기에, 좋은 것이나 나쁜 것을 경직되고 변함없는 범주들 안에 가둘 수 없다. 홀륭한 유럽인은 자신을 하나의 국가에 동일시하지 않기 때문에 다른 사람들보다 각자의 논리를 더 잘 이해하고 그 어떤 전체—설령 유럽이라 할지라도 이를 아시아나 아메리카에 대비할 수 있으므로—에도 자신을 동일시하지 않는 사람이다.

니체는 유럽을 지리적으로도 정치적으로도 규정하지 않는다. 칸트가 이미 가졌을 만한 연방 개념도 지니지 않는다. 우리 저자에게 유럽은 가치들이 퇴적되고 분할되며 앞으로 산산조각 해체되어 잠재적으로 최종적인 형태의 자기 긍정을 탄생시킬 어떤 격동, 군집이다. 그렇다면 유럽의 모든 거류민 개개인은 참으로 유럽적이고 전통적인 대립, 특히 진실과 과학, 종교의 대립—참과 거짓, 악에 맞서는 선, 또 이기주의와 이타주의—이 내포한 비생산적이고 맹목적이고 나약한 점이 무엇인지 느낄 것이다. 그리고 각자는 자신을 다른 사람들과 연결하고 그들로부터 자신을 분리하는 동시에, 자신이 어떤 존재인지도 더욱 잘 느끼게 될 것이다.

문화들을 획일화하는 대신,

그 다양함을 활용하여

개인적인 관점을 길러라!

삶의 자세

사회적, 문화적 집단과 경제 조직들이 공존하는 것을 어떻게 생각하는가? 당신은 어쩌면 니체의 견해가 모호하다고 생각할지 모른다. 니체가 한편으로는 어떤 문화 집단들이 다른 집단들에 비해 지니는 장점을 칭찬하면서, 다른 한편으로는 특수성을 넘어서는 견해 속에 안착해 자신이 규탄하는 성향의 피해자인 것처럼 보인다고 말이다. 우리 저자의 입장은 다음과 같은 까다로운 질문 하나를 극명히 드러낸다.

우리가 소속된 집단의 표상들을 기준으로 다른 문화 집단을 인식하려는 경향을 완전히 피하는 일이 어느 정도로 가능하거나 바람직할까(이는 자민족 중심주의⁎에 가깝다)?
아니면 반대로 모든 문화적 표상이 가치 있다고 간주해야 할까(이는 문화적 상대주의⁎⁎라 부른다)?

이러한 딜레마는 가령 프랑스인들이 스페인의 투우나 덴마크령 페로 제도에서 이루어지는 그라인다드랍(고래 학살) 전통에 반대하면서도, 푸아그라 같은 '우리의' 프랑스 전통을 똑같은 야만적 행위로 보기를 거부할 때 경험하는 분열에 대하여 스스로 의문을 제기하게 만든다.

⁎　우리가 소속된 집단의 기본 규범을 기준으로 다른 문화 집단들을 인식하고 평가하려는 경향.

⁎⁎　문화적 표상과 판단, 가치가 결코 절대적이지 않으며, 주어진 어떤 문화에 전적으로 상대적이라고 간주하는 경향. 그리하여 모두가 인정할 수 있을 절대적인 규범(특히 도덕)에 대한 생각을 포기한다.

니체는 '몰지각의 잔인함'*이라 부르는 것을 규탄한다. 우리가 지닌 차이를 넘어서서 '우리에게' 공통될지 모를 문제가 드러나는 한이 있더라도, 문제시되는 문화, 그리고 우리 자신의 문화적 독자성을 인식하는 것, 바로 이 점에서 니체가 자처하는 '훌륭한 유럽인'은 우리로 하여금 양보 없는 인본주의를 드러내게끔 만든다.

나만의 독서 루트

가치들이 분열하는 양상을 다시 살펴보고 싶은가?
→ 24. 적극적 허무주의자가 될 것

다른 사람들에 맞서서가 아니라 그들과 더불어 자신을 긍정하는 것이 아직도 이상주의적으로 보이는가?
→ 32. 이기주의자가 될 것

---

* 《인간적인, 너무나 인간적인》 Ⅱ, 2장 '방랑자와 그의 그림자', 57.

30

'교화'가 아닌
'교육'을 받을 것

"우리가 동물을 대하는 방식에서 도덕 교육을 관찰할 수 있다.
유용성과 손해가 개입되지 않을 때,
우리는 완벽히 무책임하다고 느껴서 동물을 죽이고
상처 입힌다[…].
반면에 동물이 유용하면 우리는 동물을 활용한다.
더 미묘한 이유로 어떤 동물은 다른 방식으로 대함으로써,
즉 돌보고 사육함으로써 이득을 취할 수 있다는 사실을
알게 될 때까지 말이다.
바로 그때에야 책임감이 생겨난다."

《인간적인, 너무나 인간적인》, II , 2장 '방랑자와 그의 그림자', 57.

니체가 우리에게 그려 보이는
인류의 모습이 그토록 현실적인 이유는, 니체가 박물학적이고
생리학적인 관찰에 기초하기 때문이다. 그는 인간 교육을 동물
사육에 비교함으로써 인간 개개인이 발달하는 물질적인 환경에
매우 주의를 기울인다.

　니체는 자신의 작품 거의 어디에서나 그렇지만 《도덕의 계
보》에서 특히, 인간이라는 기이한 동물에 대하여 말한다. '인간
동물'이 받는 교육을 검토하기 위해서 든 사육에 대한 은유는
'교양 있는 사람들'에게 그들의 문화적 표상이 어디에서 유래하
는지 상기시킨다. 그들은 이제껏 거쳐 온 길을, 그 거리를 잊어
버리는 유감스러운 경향이 있으며, 그러한 표상들을 자신의 본
능적인 뿌리로부터 가공해 멀리 떨어뜨려 놓는다.

　'사육[훈육]'이라는 용어가 의미를 단순화하고 폭력적으로

보일 수 있지만, 니체는 그 용어를 조련과 철저히 구분한다. 야수를 조련하는 이유는 야수의 본능을 감지할 수 없을 정도로 억제하거나 가능한 한 멀리 밀어내기 위해서다. 동물을 조련할 때, 사람은 동물에게서 동물적인 본성을 일부 제거한다. 하지만 그 본성은 어쨌거나 동물을 이루는 정체성의 한 구성요소로서 동물이라는 존재의 풍부함을 결정하고 그 독자성을 이루는 데 기여한다. 니체는 도덕이 인간을 조련하는 방식을 검토하면서, 도덕이 어떤 방식으로 우리를 약화시키는지 설명한다. 바로 이런 이유로 도덕은 처벌, 징벌, 질책에 연관된다.

보수주의의 한 형태를 보인다는 이유로 니체에게 수시로 비판받은 칸트조차 문명이 우리를 더 낫게 만드는 것이 아니라 우리로 하여금 외재성, 겉모습, 가식을 기르게 만든다고 인정했다. 칸트는 그러한 요란한 거짓 치장을 품위 있는 인간적인 문화에 도달하기 위해 실시하는 내면의 오랜 작업에 대비했다. 니체는 조련에 대하여 말함으로써, 실제로는 인간적인 성향의 실추와 쇠퇴에서 나온 우리 행동의 양상을 고귀한 겉모습(도덕성, 가장 높은 수준의 인간성, 영성)으로서 소개하는 도덕적 위선에 빠지지 않을 수 있다고 믿는다: "교화된 인간은 '더 나은' 인간이 아니라 쇠약해진 인간, 극도로 위축되고 훼손된 인간이다."

사육[훈육]이라는 용어는 조련과 깊이 연관되어 있지만, 니체가 보기에 조련과 달리 해방의 측면이 있다. 땅에서 가장 좋은 것을 끌어내기 위하여(가끔은 영속농업permaculture처럼 자연의 질서를 존중하면서) 땅을 경작하는 것과 마찬가지로, 사육[훈육]은 우리 본성의 다른 부분에 가해지는 폭력과 동의어가 아니다. 우리의 깊은 본성을 존중하는 태도와 완벽하게 양립 가능한 사육[훈육]은 본질적인 우리 존재를 새롭고도 건강한 어떤 형태로 체계화할 수 있다.

이를 이루기 위해서 니체는 철학자와 철학에 의한 교육이 매우 중요하다고 말한다. 철학에 의한 교육은 단순히 반응하는 것을 넘어 자기 긍정을 기르는 법을, 우리가 아닌 것을 부정하기보다는 개별적인 우리 존재에 대하여 '그렇다'라고 말하는 법을 가르치고, 타인을 부정하지 않으면서 적극적으로 자신을 구축하는 법을 가르친다. 무리를 죽이지 않으면서 자기 자신이 되는 것, 이는 공동체 안에서 자신의 개별성을 마음껏 발휘할 수 있음을 뜻한다.

다양성, 개개인의 독자성, 그것이 아니라면 적어도 서로 다른 집단들의 특수성을 보존하는 것. 이는 모두에게 해로운 대립에서 벗어나 문화 공동체를 책임 있고 자유로운 범세계적 공존으로 생각하는 독창적인 방식이다.

대규모 사육을 경계하고
개인의 고양을 목표로 삼아라!

삶의 자세

교육이 지닌 문제는 교육이 우리보다 앞선다는 사실이다. 사람은 백지에 그림을 그리기 시작할 때처럼 삶을 시작하지 않는다. 우리는 양육된 표상들을 이어받은 계승자로서 우리를 에워싼 것을 인식한다. 우리에게 주입된 것을 스스로 습득한 표상들과 구분하기란 매우 힘들다. 외부로부터 습득한 모든 표상을 철저하게 거부하기보다는 그 안에서 자신을 식별하려 노력하라.

당신의 시야에 드러나는 사람이 당신이 내밀하게 느끼는 심층적인 나와 일치하는가?
이러한 비교로써 당신은 당신을 양육하는 데 기여했으나 현재의 고양을 막는 표상들을 식별할 수 있다. 과거의 당신이 아니라, 당신이 되고자 하는 사람에게 이로운 표상들을 가꾸어라.

나만의 독서 루트

누군가에게 조련되기보다는 높이 고양되기를 원하는가?
→ 13. 자유로운 정신이 될 것

31

정신과 육체를 분리해
생각하지 말 것

"'정신적인 사람'

그 사람에게는 정신이 조금도 없으며,

그는 정신을 찾아 헤맨다."

《인간적인, 너무나 인간적인》, Ⅰ, 9장 '혼자 있는 사람', 547.

정신을 찾아 나서라.
그러면 당신은 정신을 지니지 않았음을 증명할 것이다! 니체의
인간성은 '정신성'이라고 부를 만한 것, 즉 물질과 독립적이며
우리가 처한 삶의 물질적 조건이 지닌, 축소될 수 없다고 간주
하는 표상들 전체에 대한 매우 특별한 이해로 이어진다. 니체는
층 구조를 탄생시키는 변화무쌍하고 여러 형태를 띤 삶을 우리
에게 보여주므로, 정신성은 우리를 우리 자신에게서 멀리 떨어
뜨려 놓을 게 틀림없다.

　우리 정신 구조의 그 어떤 한 요소라도, 겉보기에 단순한 감
정 하나라도 인식할 때면, 그것은 언제나 복합적인 정서와 충동
의 한 전체로서 다른 구성요소들을 동반한다. 그 구성요소들은
수가 적지만 엄연히 존재한다. 바닷물에 금을 포함한 수십 가지
화학 원소가 있듯이 모든 개인 안에는 선함, 숭고함, 최악의 것

이 모두 존재한다. 니체가 말하는 정신화spiritualisation는, 각 개인이 길을 헤쳐 나아가려 하는 원초적인 들끓음의 표면으로 우리 감정과 충동이 빠져나오려고 성장하는 방식을 의식하는 노력이다.

그 정신적인 길은 바로 우리의 해석이다. 그 길은 우리가 이 세상에서 자리 잡은 방식, 즉 우리가 자연스레 정박한 곳으로부터 세상을 바라보는 관점을 결정한다. 니체가 말하는 그 비정신적인 본성은 고정된 법칙들을 따르는 질서 잡힌 하나의 전체가 아니다. 그것은 막 충격을 가한 유리창에서 퍼져나가는 물결 문양처럼 영원히 들끓는 것, 한없이 사방으로 성장하는 역동이다. 반대로 정신의 모든 상태, 모든 가치는 변화에 대하여 일정한 저항을 보이게 마련이다. 그러한 경직성이 영원한 변화라는 현실의 법칙에 부합하지 않음에도 불구하고.

니체에 따르면 정신적인 면모를 보이는 것은 단순히 고양될 뿐만 아니라, 그 열정 안에서 우리를 땅과 분리하며 거기에 고정하는 거리를 깨닫는 것이다. 이는 보이지 않는 고고학적인 층들이다. 그 안에서 우리 자신의 표상들과 가치들은 구체화되고 퇴적되며, 그 층들은 그곳에서 자연스레 구성요소로서 자리 잡는디. 우리 가치들이 이루는 정교한 겉모습이 팔레트를 구성하는 놀라운 색깔들처럼 가끔은 상반되는 다른 기본적인 요소들을 감추고 있지는 않은가?

이렇게 니체가 묘사하는 정신화의 도움을 받아서 우리는 상반된 특성들이 대체로 상보적인 성향을 감추고 있음을 발견한다. 정신화는 이 점에서 우리를 지나치게 일방적인 겉모습들로부터 해방한다. 그 모습이 어떤 종교인이나 철학자, 정치가의 정신성에서 유래했든 —똑같은 환상들로 빠져드는 서로 다른 세 가지 방식— 상관없이 말이다. 유일하게 가치 있는 것이라고 자처하는 모든 도덕이나 진리, 이념을 경계하자고 니체는 말한다: "도덕은 일부 현상들에 대한 하나의 해석 —혹은 보다 정확하게 하나의 *거짓* 해석—, 혹은 '감정들을 나타낸 비유적 언어'일 뿐"이다. 역사, 그리고 문화적 다양성은 *하나의* 도덕이 존재하는 것이 아니라 *여러* 도덕, 즉 가치의 지배적인 표상 습관들이 존재함을 우리에게 매우 분명하게 보여준다. 그 표상 습관들은 너무도 지배적이라서 자신이 가능한 유일한 표상인 양 가장한다.

육체와 분리된
정신성을 실천하지 말라,
당신의 정신을 신체에 고정하라!

삶의 자세

19세기 말에 정신성은 고행과 신체 거부를 숭배하는 표상들 일체였다. 니체는 그 표상들이 소크라테스 인물상에서 탄생했을 거라고 본다. 뒤이어 그리스도교는 인간 육체의 고행을 강화함으로써 그 표상을 더욱 강렬하게 만들었을 것이다.

정신성과는 무관하게, 당신은 자신의 정신적 가치들이 정서적 삶에서 구체화할 수 있으며, 그렇기에 그 가치들이 당신의 역사와 당신을 구성한다는 생각을 인정하는가?
당신이 지닌 가치들이 당신이 형성되는 과정 중에 만들어졌을 수 있다는 사실이 그 가치들을 바라보는 시선을 변화시키는가?

만일 그렇다면, 서로 다른 정신적 (특히 도덕적) 표상 체계들을 비교하는 일은 당신 것이 아닌 표상들을 즉각적으로 거부하지 않고, 자신을 닮은 사람들, 즉 당신의 가치를 공유하는 사람들과 맺는 관계가 어떻게 엮어져 왔는지 더 잘 이해하도록 도와줄 것이다.

나만의 독서 루트

설명의 한계를 기억하는가? 기억하지 못하겠다면,

→ 18. 진리에 트집을 잡을 것

정신성을 이렇게 새로이 해석함으로써 무엇을 해야 할지 모르겠는가?

→ 낙심하지 말고 24. 적극적 허무주의자가 될 것

→ 혹은 당신의 가치들을 긍정하면서 26. 진짜 귀족이 될 것

는
니체처럼
살기로 했다

32
———————————

이기주의자가
될 것

"우리는 우리 자신에게 낯선 사람이다.

지식을 찾아 나서는 우리는 우리 자신을 모르는데,

거기에는 그럴만한 훌륭한 이유가 있다.

우리 자신을 찾아서 떠난 적이 한 번도 없으니,

어떻게 우리가 언젠가 우리 자신을 찾아낸다는 말인가?"

《도덕의 계보》, 서문, 1.

자기 자신인가,
혹은 자기 자신처럼 보이는가?

'자기' 또는 '나', 이것이 라틴어로 ego라는 단어의 뜻이다. 일인칭 대명사로서 ego는 행동하는 나, 생각하는 나, 나의 주관성을 구성하는 것의 기준점으로서 나다. 흔히 이기주의égoïsme를 비난하는 것과 달리 자아ego를 지닌 것은 전혀 결함이 아니다. 우리 존재를 감안하면 진정한 문제는 우리 자신을 잘못 아는 것, 우리 자신에 대하여 현존하지 않는 것일 테다.

자기 자신을 망각한 채 사는 것, 이는 놀라워 보인다. 하지만 니체는 우리 가운데 어떤 사람들은 진정으로 자기 자신이지 않기를 선택한다고 말한다. 자기를 진정으로 드러내지 않으며, 겉모습을 왜곡할 정도로 자신을 연출해 보이는 것. 니체는 다음

과 같이 시대를 탄식한다:

"사람들 대부분은 그들이 자신의 '이기주의'에 대하여 뭐라고 생각하고 말하든 평생 자신의 자아를 위하여 아무것도 하지 않으며, 주변 사람들이 그들에 대하여 마음속에 형성해서 그들에게 전하는 자아의 유령을 위해서라면 무엇이든 한다."•

많은 이들이 인터넷 공간의 소통망 서비스SNS에서 '자기'를 연출해 보이는 시대에 이러한 관찰은 더욱 설득력 있게 다가온다. 각 개인의 사생활에 접근하게 해준다는 허울 아래, 그와는 정반대로 내밀한 독자성이 상실된 존재들이 연출되고 있다는 사실은 참으로 놀랍지 않으냐고 니체는 묻는다. 인터넷에 등장하는 그 '자기'는 유행이 변함에 따라서 필연적으로 점점 더 비개인적이 되고, 결국 그 누구든 될 수 있을 것이다. 니체는 여기에서 허구를 본다. 이 허구는 각 자아의 윤곽이 고유한 특성 없이 초록빛의 바탕에 섞여 사라져 언제고 재활용될 수 있는 획일적인 안개다.

SNS를 능숙하게 사용하는 사람이라면 자신의 진짜 모습과 겉으로 내보이는 모습 사이에 본질적인 차이가 존재함을 잘 알고 있다고 답할 것이다. 그들의 이기주의를 전혀 비난하지 않는

• 《아침놀》, 105.

니체가 보기에 자아를 포기하는 것은 당연히 잘못된 일로서 우리의 유일성, 우리의 *진리*, 즉 세상에 대한 모든 개인적이고 개별적인 관점을 상실하게 만드는 결과를 낳는다. 하지만 우리 저자는 이렇게 물을 테다. 얼마나 많은 인스타그램 계정이 세상에 대해 진정으로 개인적인 관점을 내보이는가? 사실상 다른 수천 개의 이미지로 대체되지 못할 이미지가 얼마나 되겠는가? 그리고 더 심각한 문제는 다음과 같다. 우리가 일반적인 견해 속에서 자신을 상실하지 않고 진정으로 자신을 내보일 수 있을까? 우리를 평가하며, 우리가 내밀한 자기moi와 맺는 특별한 관계를 박탈하는 어느 타인을 매개물로 삼아 우리를 우리 자신으로부터 잘라내지 않고서?

이기주의와
이타주의를 넘어서

오해하지 말도록 하자. 이기주의는 결함이 아니다! 사람들이 양심을 이유로 들어 이기주의를 비난한다고 주장하는 경우가 많지만, 니체는 그러한 비난이 반드시 그에 대한 긍정적인 측면을 동반한다는 사실에 우리의 주의를 집중시킨다. 즉 우리는 이타적인 사람을 찬양하고 예찬한다. 이타적인 사람은 이웃에 대한 사랑에 이끌려 행동하는 사람, 자기 자신을 위해서는 아무것도 하지 않고 타인을 위해 모든 것을 하는 사람이다(이러한 묘사를 들으면 그리스도 인물상이 떠오를 수밖에 없다). 모순이 금방 눈에 띄지는 않지만, 우리 저자는 그 모순을 분명히 부각한다. 타인에게 본질적으로 어떤 자아, 더욱이 우리의 자아와 다른 자아가 있다고 인정하지 못한다면, 어떻게 타인을 찬양할 수 있겠는가? 자아를 인정하는 것이 이타주의를 가능케 하는 조건이니, 이타주의를 명목으로 내세워 자아를 비난하는 것은 이치에 맞지 않다.

어째서 타인의 자아는 그것이 타인의 자아라는 이유만으로 원칙적으로 나의 자아보다 더 선호되어야 한단 말인가? 왜 내가 자기 자신이라는 사실에 대하여 용서를 구해야 하는가? 내가 단지 태어났고 하루하루 점점 더 나 자신이 되어간다는 이유만으로 그 죄를 씻으려고 애쓰며 살아가야 하는가? 그리스도교는 단순히 존재하는 현실, 그 이상도 그 이하도 아닌 것들에 오류가 있다고 우리가 믿게 만드는 요인 중 하나다. 거기에 다음과 같은 모순도 덧붙여야 할 것이다. 나 자신에게 관심을 두지 않겠다고 맹세하고 타인이 나와 '닮은 존재'라고 단언함으로써, 나는 나 자신이 누구인지도 모르는 바로 그 시점에 내가 모르는 다른 사람이 나의 모습을 띠었다고 주장한다는 모순이다.

이기주의자와 이타주의자를 대비하는 오해를 없앰으로써,

니체는 우리가 사회생활을 하거나 자연에 개입하는 상황을 새로운 시각으로 바라보도록 한다. 타인의 자아에도, 타자성의 다른 형태들(인간이 아니지만 살아 있으며, 그렇기에 힘에 대한 의지를 따르는 존재)에도 해를 끼치지 않겠다고 결심하는 동시에 자신에게 자아가 있다고 인정할 수 있는가? 니체는 "이기주의는 […] 비천하고 경멸할 만하다"라며 이기주의를 비난하는 근거에 대해서도 인정사정없다. 사람들은 이기주의자가 자신의 힘을 키워 타인으로부터 자신을 위한 자원을 끌어오고, 자신을 긍정함으로써 다른 사람을 불리하게 만든다고 말한다. 하지만 다른 누군가에 대비하지 않으면서 개별적으로 자신을 긍정하는 일이 과연 가능한가?

자아를 원하다?

"단 한 순간이라도 그렇다고 말한다면, 그럼으로써 우리는 자신뿐 아니라 모든 존재에게 그렇다고 말한 것이다. 왜냐하면 우리 안에 있는 것이든 사물 안에 있는 것이든 그 무엇도 독립적이지 않기 때문이다." 덜 이원적이 된 우리는 이제 자아로부터 자기중심적인 시선을 돌려서 더 폭넓은 시야를 지녀야 한다.

우리 저자가 이 주제에 대하여 전하는 마지막 말은 다음과 같다. '자아'의 한계를 보는 사람, 자아가 편리하긴 하지만 적절하지 못한 단어임을 인식하는 사람, '자신의' 표상이나 활동, 자질이 상당히 불투명하게 교차함을 아는 사람은 자신을 긍정하려는 단순한 의지를 지닌 채 선하지도 않고 나쁘지도 않은 것, 참도 거짓도 아닌 것을 더 잘 이해하도록 스스로 허용한다. 자신을 단호하게 긍정하는 것은 약속이 아니라 행위다.

당신의 시야에서
현실을 은폐하는
자아의 유령들을 몰아내라!

삶의 자세

범주와 표식들, 왜곡된 구분과 조금 거리를 둠으로써 우리 안에 모든 것이 조금씩 있다는 사실을 알겠는가? 위대한 정신을 지닌 사람도 "복수하려는 마음에 담긴 것과 똑같은 정도의 이기주의를 지니지만, 이기주의의 특성이 다르다"라고 니체는 적는다. 단순히 반응하는 것이 아니라 긍정하는 태도를 유지하는 한 "아마도 가장 고결한 사람에게서 이기주의가 가장 일관되게 나타나리라."

니체의 생각을 따라서 이기적이기를 포기하지 말라. 진정한 이기주의자가 되어라! 이를 위해 당신이 되고자 하는 이기주의자의 모습을 선택하라. 다른 사람들을 내세우는 인물―약자의 이기주의―을 택할 것인가, 아니면 자기 자신 말고는 아무것도 내세우지 않는 고결한 이기주의를 택할 것인가! 다음 과 같은 사실을 인정할 용기를 지녀라.

"우리 안의 무언가가 살아가고 자신을 긍정하고자 한다. 어쩌면 우리가 아직 알지 못하고 아직 보지 못하는 그 무엇이!"

나만의 독서 루트

자아가 결국 자기 자신의 역사, 역사의 한 장이라고 생각한다면,

→ 18. 진리에 트집을 잡을 것

그보다는 자아가 힘에 대한 의지의 해석 중 하나라고 생각한다면,

→ 34. 자유로운 의지를 가질 것

33

___

아모르 파티,
운명을 받아들일 것

"인간이 지닌 위대한 모든 것을 일컫는 나의 표현은

아모르 파티amor fati 다.

현재에 있지 않은 다른 것은 자신의 뒤에 있는 것이든

앞에 있는 것이든 전혀 바라지 않고 영원한 것을 바라기.

불가피한 것을 견디는 것으로 만족하지 않으며,

그것을 자신에게 감추지도 말고 […] 그것을 사랑하기."

《이 사람을 보라》, 나는 왜 이렇게 영리한가, **10**.

철학에서 운명론은 벌어지는 일이 불가피하다고 인정하는 태도다. 운명론자는 모든 것이 우연이라고 생각하지 않는다. 벌어지는 모든 일에 이유가 있으며, 따라서 거기에 의미가 있다고 생각한다. 스토아학파 철학자들처럼 우리를 넘어서고 우리가 이해하지 못하는 어떤 이유가 존재한다고 믿으면서 비관적이지 않은 운명론을 격찬하는 일은 확실히 가능하다. 사람들이 (신의 목소리가 아닌!) 신의 길은 헤아릴 수 없다고 말할 때 그러하듯.

니체의 운명론은 낙관적이면서 비종교적이다. 니체는 이 운명론에 '아모르 파티', 즉 운명에 대한 사랑이라는 이름을 붙인다. 이는 고결한 의미의 고지식한 사랑으로서 매사를 있는 그대로 받아들이며, 시간이 흐르며 퇴적된 도덕적 범주들에 따라 매사를 판단하지 않는 태도다. 무엇보다 세상에 대한 기독교적인 훈계를 한편에 치워 놓는다.

이는 우리가 도피할 수 있는 다른 곳에 '고귀한 질서'가 존재한다고 주장하며 현실을 회피하지 않고, 삶에 대하여 솔직하게 '그렇다'라고 말하고 매사를 있는 그대로 향유하며 그 흐름에 자신을 노출하는 태도다. 한마디로 만사를 그 내재하는 생성의 움직임 안에서 받아들이고, 가설적인 (특히 신적인) 초월성에 대한 기준을 모조리 배제한 철학적인 체념이다. 배후에 다른 세계가 없이 보란 듯이 삶에 노출된 운명론. 삶에 대한 진실한 사랑이라고나 할까?

니체의 운명론은 행복감에 찬 낙관주의와 구별된다. 그의 운명론은 우리 성격의 어두운 지대조차 계보를 살펴봄으로써 그 존재 이유를 파악하여 긍정적으로 받아들이라고 권고한다. 이는 그리스인이 인간의 비극을 관찰할 줄 알았던 것과 같은 맥락이다. 그들은 가장 가련한 인간의 특성조차 기만적인 순응주의의 베일 아래 감추지 않고 극도로 과장해서 연출해 보였다.

만사가 단순히
'있는 그대로일' 수 있음을
받아들여라!

삶의 자세

사람들은 자주 체념의 미덕을 찬양한다. 하지만 당신은 그러한 원칙이 끔찍하다는 사실을 알고 있다.

우리를 넘어서고 우리가 이해하지 못하는 것에 어떻게 자기 자신을 온전히 내맡긴단 말인가?

당신은 니체 덕분에 운명론을 현실에 직면하여 포기하는 태도로 보지 않고, 당신의 의지와 당신을 에워싼 것의 화합으로 여길 수 있다.

현실을 비방하지 말고 똑바로 직시하라. 당신이 보는 것을 정말로 견딜 수 없는가?

직면함으로써 확실하게 얻는 것들이 있다. 그것들을 받아들이기 위해서, 또 가능하다면 그것을 변화시키기 위해서!

나만의 독서 루트

*아모르 파티*를 세상을 재해석하라는 초대로 간주한다면,
→ 16. 설명하지 말고 해석할 것

운명론이 우리의 독자성을 더욱 강하게 인정하게 만든다고 생각한다면,
→ 22. 남에게 휩쓸리지 말 것

34

자유로운 의지를
가질 것

"철학자들은 의지가 마치 세상에서
가장 잘 알려진 것인 양 말하는 습관이 있다.
내가 보기에 의지는 복합적인 무언가로서,
의지의 일체성은 순전히 말뿐이다."

《선악을 넘어서》, 제1장 '철학자들의 편견에 대하여', 19.

여러분은 이제 단순한 단어 하나가 얼마나 많은 것을 내포하는지 알고 있다. '나'라는 단어도 그런 말 중 하나다. '나'는 하나의 존재, 어떤 유일한 존재가 아니다. 일체성이라고는 '나'라는 단어만 지닌 무수한 충동과 성향, 정서다. '니체'는 한 사람이 특별석을 차지하는 어떤 극장의 이름일 뿐이다. "어떤 이국의 식물에 다가서듯 얼마간의 호기심과 신랄한 저항심을 갖는 게 나를 대하는 더없이 영리한 방식이라고 생각한다"라고 니체는 1888년 7월 29일에 쓴 편지에서 넌지시 일러주었다.

철학적으로 니체는, '나'의 영속성을 강하고 분명하게 단언하면서 '나'를 생각하는 주체, 심지어 어떤 '실체substance'라고 보는 데카르트를 엄하게 비판한다. 니체는 데카르트가 진지하

지 않다고 비판하는 게 아니라, 말을 잘 골라서 그가 "피상적"·
이라고 지적한다. 니체는 '내가 생각한다'기보다는 '그것이 생각
한다'고 보며, 그 모든 일이 '나'라는 피상적인 겉모습보다 훨씬
더 깊숙한 층위에서 벌어진다고 설명한다.

　우리는 '우리'가 아닐 뿐 아니라 '하나'도 아니다. '우리' 안에
는 생각하는 무수한 것들이 있다. 이는 생각하지 않는 많은 것
들, 그러니까 충동, 정서, 본능, 해석, 가치 등이다. 우리 안에
는 무수한 것들이 있으며, 그 모든 것이 아닌 다른 그 무엇, '나'
라는 이름을 부여해야 할 만한 무언가가 있다는 단서는 전혀 없
다. 칸트는 이미 《순수 이성 비판》의 매우 까다로운 구절 중 하
나에서 '나'를 "나를 표상하는 것들 전체와 동행하는 매체", 즉
그 자체로는 비어 있고 그 어떤 외연도 없는 기준점으로 간주함
으로써 신중한 입장을 보인 바 있다. '나'는 충동, 사건, 감정 등
의 저장고가 아니다. '나'는 그저 '나'이고 다른 그 무엇도 아니
다. 즉, 나는 살아간다. '나는 있다', '나는 원한다', 우리는 이런
표상들에 익숙하다. 단지 그 실용적인 측면에만 익숙해져 있을
뿐이라도 말이다. 하지만 이제 '나'를 있는 그대로 받아들여야
할 때다.

●　《선악을 넘어서》, 제5장 '도덕의 자연사', 191.

"의지는 그 무엇도 더 이상 움직이게 만들지 않는다. 따라서 의지는 더 이상 아무것도 설명하지 않는다―의지는 과정과 동행할 뿐이다."•

자유의지에 대한 니체의 비판은 우레와 같다. 니체가 자유를 고찰한 사상가인 이유는 자유가 겉으로 드러나는 양상을 엄청나게 비판하기 때문이다. 그는 "자유에 대한 갈망"을 "어설픈 교양을 지닌 사람들의 머릿속을 끊임없이 지배하는 과장된 형이상학적 개념"••이라고 거침없이 깎아내린다. 그리고 의지가 존재하는 이유는 그것이 우리에게 속하지 않기 때문이라고 말한다. "나는 그 맹신자들이 인정하기 싫어하는 아주 작은 사실 하나를 쉬지 않고 끈질기게 강조할 것이다. 그건 바로, 어떤 생각은 '내'가 원할 때 오는 것이 아니라 '그 생각'이 원할 때 온다는 사실이다."•••

니체가 보기에, 개인의 의지는 정서로 이루어진 땅에 고정된 어떤 표면적인 현상에 불과하다. 개인의 의지는 자유의지를 필요로 한다는 겉모습만을 나타낼 뿐이다. 사람들은 "내가 그것을 원했다"라고 말하지만, 그 겉모습이 뿌리박고 있는 정서와

•　《우상의 황혼》, 네 가지 중대한 오류들, 3.

••　《선악을 넘어서》, 제1장 '철학자들의 편견에 대하여', 21.

•••《선악을 넘어서》, 제1장 '철학자들의 편견에 대하여', 17.

충동은 보지 못한다.

내 안에는 '나' 이상의 무언가가, '나'보다 더 강한 무언가가 있다. 내가 살아 있으니 계속 살아 있기를 바라지 않을 이유가 뭐란 말인가? 삶은 단순한 생존이 아니라 항상 더 많은 것을 원한다. 따라서 삶은 '나' 이상의 것을, 즉 이미 존재하는 나라는 것 이상을 원한다. 너라는 존재, 너는 그것이 되어야 한다고 우리 저자는 자주 호소한다.

우리가 보기에 우리는 왜 그토록 중요하며, 자유와 의지를 왜 그렇게 소중하게 여기는가? 개별적으로 나도, 나의 자유도, 나의 의지도 주어지는 것이 아니라 쟁취되어야 하기 때문이라고 니체는 설명한다. 무리에서 벗어나 자유로운 존재로서, 진정으로 원하여 자기 자신이 되어 자신만의 길을 헤쳐나가기. 바로 이것이 니체 철학이 우리에게 권유하는 모험이다. 하지만 니체 철학은 거기에 다다르기 위하여 우리가 들일 노력을 대신해 주지 않는다. 우리 스스로 개별적인 삶을 느끼고, 증대하고, 원하라고 요구한다. 이 과정에서 해석은 생물학적인 환경을 포함한 환경을 점유하는 일에 해당한다. 바로 이 때문에 우리의 질병은 또한 하나의 해석이며, 우리가 인간 존재로서 개인적으로 성취되어 가는 하나의 단계다.

끝으로, 무수히 많은 길이 존재한다는 사실을 인정해야 한다. 보편성이라는 신화에 도전하자. 우리가 모든 사람이 된다면 결국 아무도 되지 못할 테니까. 그렇다고 모든 길이 가치 있다는 말은 아니다. 이는 단지 우리의 모험이 개인적이며, 결국 그 모험을 대체하기란 불가능할지도 모른다는 의미이다. 바로 이것이 이 책에서 니체가 개념에 대한 일반론에 해당하는 그 어떤 지식도 결코 격찬하지 않은 이유다. 부득이한 경우라면 우리 저자는 안다는 사실이 우리에게 아무것도 가르쳐주지 않는다고 말할 게 틀림없다. 그리고 각자가 이미 알고 있지 않은 것, 즉 이미 체험하지 않은 것은 아무것도 말할 가치가 없다.

자기 자신에 대하여 홀로 책임지고자 하는 것, 바로 이것이 니체가 말하는 자유에 근접한 의미다. 존재에 천착하며 이토록 강력한 고찰을 전하기 위해서 니체는 매우 강한 의지를 지녀야 했다. 그가 전하는 고찰은 존재하는 것을 원하는 일로서, 그 방식은 우리가 생각했던 모든 것과 너무나도 다르다. 의지를 맞이하자:

"그것이 그대들의 모든 의지다. 오, 현자들 중의 현자들이여, 그것이 바로 그대들의 힘에 대한 의지다. 그리고 또 그대들이 선과 악, 가치 판단에 대해 말할 때라도 마찬가지다. […] 그대들은 자신의 의지와 가치를 생성이라는 강물에 띄웠다. […] 그대들의 위험이자 선과 악의 결말은 그 강물이 아니다. 오, 현자들 중의 현자들이여, 그건 바로 그대들의 의지 자체, 힘에 대한 의지—고갈되지 않고 창조하는 생명의 의지다."●

당신이 자신을
긍정하려 하든 그러지 않든,
삶의 의지는 그 위력을 확고히 드러낼 것이다!

● 《차라투스트라는 이렇게 말했다》, 제2부, 자기 극복에 대하여.

삶의 자세

니체의 사상에서 의지가 차지하는 위치는 개인이 떨쳐내기가 거의 불가능한 무시무시한 환상을 보여준다. 우리는 자연히 우리가 하나의 주체라고, 즉 자유롭고 자발적인 판단과 행동이 발생하는 고유한 지점이라고 간주한다.

니체는 우리가 자유롭지 않다고 할 뿐 아니라, 그게 전혀 심각한 문제가 아니라고 강조한다. 그렇게 함으로써 니체는 단념하라고 격려하며 그에 대한 강력한 철학적 근거를 제공한다. 개인적인 의지를 지녔다는 생각을 버리는 것은 현실에 직면하여 체념하는 일이 아니라, 삶과 결합하여 한 몸이 되는 일이다. 니체가 말하는 의미의 단념은 더 넓은 관점에서 자신을 되찾기 위하여 '자기 자신'으로부터 분리되어 거리를 두라는 초대다.

우리에 의하여 삶이 긍정된다. 하지만 만일 개인적인 의지에 대한 믿음을 포기하는 일이 당신에게 불가능하다면, 그저 당신의 의지가 항상 당신보다 더 많이 활동한다는 사실을 염두에 두라. 당신의 의지는 생명이 발달하며 생겨난다. 당신은 그 발달의 모든 변수를 제어하지 못하며, 그 발달에 대하여 극도로 좁은 시각만을 지녔을 뿐이다. 우리 철학자가 지닌 직관을 만날 때까지 당신의 길을 계속 가라. 그러한 만남은 행운이다. '힘에 대한 의지'는 삶의 부름이다.

나만의 독서 루트

'힘에 대한 의지'는 여러 니체 논평가들이 말하는 니체 저작의 핵심이다. 그것이 그의 사상 전체를 떠받치고 있든 아니든, 힘에 대한 의지는 이 책에서 다루어진 주요한 주제들에 접근하도록 해준다.

방금 습득한 지식을 바탕으로 마음이 가장 많이 끌리는 주제들을 다시 읽어라. 새로운 이해에 도달하더라도 놀라지 말라. 그건 시선이 섬세해진다는 표시니까!

여정을
끝내며

이제 여정을 마무리할 단계가 왔다. 지금껏 한 경험을 되짚어 보기를 권한다. 당신은 이 책을 순서 대로 읽었는가, 아니면 당신만의 길을 만들었는가? 제시된 몇 몇 여정을 따라가며 읽었는가, 아니면 반대로 정해진 길을 벗어 났는가? 당신이 이 철학적 여정을 떠난 방식은 당신이 원하는 것이 무엇인지 보여준다. 당신은 니체를 더 잘 이해하려고 했거 나, 혹은 니체를 통해 자기 자신을 더 잘 이해하려 했을 테다.

이 책에서 다룬 주제들은 당신이 니체의 사상을 파악하기 위 하여 자신을 누르고 니체에게 고개 숙이는 태도와, 당신의 목적 을 위하여 니체의 사상을 활용하는 태도 중 반드시 하나를 선택 해야 하는 건 아님을 알려준다. 이 두 가지 선택지 사이에 놓인 연결고리는 바로 삶이다. 니체가 삶을 탐구하는 사상가라는 사실은 그의 작품을 발견하는 동시에 당신의 삶에 새로운 빛을 던진다. 반대로, 자기 자신의 삶을 강하게 인식하고 있던 사람이라면 니체가 우리에게 전하고자 한 것에 더 가까이 다가설 수 있다.

이제 한 걸음 한 걸음 당신은 의식이 또렷해지며 기쁨을 느낄 수 있다. '당신 자신'에 대한 의식, 당신 삶의 본질적인 입장(당신이 타인, 시간, 사회, 지식, 의미, 종교, 또 이 책에서 다룬 여러 주제와 맺는 관계)에 대한 의식 말이다. 당신은 삶에 대해 속속들이 안다고 단언하는 일은 현명하지 못하다는 것을 알면서도, 이제 니체에게서 존재에 대한 훌륭한 조언을 찾을 수 있음을 안다. 니체 철학은 당신에게 대답을 (특히 이미 만들어진 보편적인 대답이라면 더더욱) 주지 않는다. 니체 철학은 존재에 접근하기 위한 개별화된 자세를 제시한다. 니체는 삶은 고갈되지 않으며, 삶에 의미를 부여하기 위해서, 즉 삶을 살아가기 위해서 그 누구도 당신을 대신하게 놔두어서는 안 된다고 말한다.

니체는 우리 삶을 해석하고 이를 살아가는 것이 서로 뗄 수 없는 관계를 맺는다는 사실을 가르쳐준다. 바로 이 때문에 이 철학자의 글을 읽는 것은 당신의 일상으로 되돌아가기 전에 거치는 이론적인 여담이 아니라, 말 그대로 하나의 체험이다. 단지 생각으로라도 니체와 교류하는 일은 당신이 앞으로 변해 갈 상태에 자연스레 영향을 미친다. 이제 니체는 조금쯤 당신의 일부를 이룬다. 조언들을 실천하려 애쓰는 대신, 살면서 계속 변화를 관찰하라. 시간이 흐르며 당신이 자신에게 일어나는 일을 대하는 방식에 현저한 변화가 생겼음을 깨달을 것이다. 니체는 빛을 환히 밝히면서, 우리도 세상에 항상 개인적인 빛을 비추려 애쓰라고 손짓한다. 그 모든 것을 가로등의 희끄무레한 빛에 비추어 보기보다는 말이다.

**이제
당신 차례다**

언젠가 니체의 책 한 권을 직접 펼쳐 읽어보는 것은 어떨까? 이 책을 읽었다면 니체 사상에 다가서기 조금 더 쉬울 것이다. 여러분이 니체의 작품을 읽도록 자극하는 것. 이것이 나의 목표다. 당신이 책에서 무엇을 발견할지는 아직 모르더라도, 당신은 이제 니체의 책에서 다루어진 쟁점이 무엇인지 식별할 능력을 갖췄다. 이 책에 담긴 장들의 메아리가 당신의 마음속에서 울려 퍼지면서 니체의 책을 읽으려는 노력을 돕고, 당신이 일방적인 해석을 내리도록 강요하지는 않으면서 시선을 어디로 향해야 할지 안내할 것이다.

마지막으로 고백을 하나 하면서 이 책을 마무리하고자 한다. 나는 매우 늦게 니체를 읽었다. 스스로 준비되었다고 느껴지지 않았기 때문이다. 핵심을 파악하지 못할까 봐, 또는 더 나쁘게도 내게 조금 두렵게 느껴지던 사상 때문에 처참한 피해를 입을까 봐 두려웠다—가령 허무주의에 대하여 내가 알고 있다고 믿었던 것 때문에. 어느 날, 더 이상 기다릴 수 없다는 느낌이 두려움을 대신했고, 결행해야 할 순간이 왔다. 내가 하게 될 발견을 더 미루면 해로울 것 같았다.

나는 철학 교사이자 연구원으로서 직장생활을 한 10년 동안 내 호기심을 미루어두었던 데 만족한다. 내가 결국 니체 앞에 섰을 때, 나는 그의 사상을 더 잘 받아들일 수 있었다. 나는 니체를 전부 다 읽었고, 한쪽 한쪽 넘기며 더욱 감탄했고, 실망한 적이 거의 없었고, 가끔은 길을 잃은 느낌이었으나 대체로 매우 놀랐다. 그러니 내가 철학 치료사로서 독자 여러분에게 이 책으로 말을 거는 도전을 한 것은 어쩌면 너무나 당연한 일이었다.

나는 니체처럼 살기로 했다

초판 1쇄 발행	2021년 5월 28일
지은이	나타나엘 마슬로
옮긴이	이정은
펴낸곳	(주)행성비
펴낸이	임태주
책임편집	이세원
디자인	아르케 디자인
출판등록번호	제2010-000208호
주소	경기도 파주시 문발로 119 모퉁이돌 303호
대표전화	031-8071-5913
팩스	0505-115-5917
이메일	hangseongb@naver.com
홈페이지	www.planetb.co.kr

ISBN 979-11-6471-145-1 (03160)

행성B는 독자 여러분의 참신한 기획 아이디어와 독창적인 원고를 기다리고 있습니다.
hangseongb@naver.com으로 보내 주시면 소중하게 검토하겠습니다.